CHINA STONE

华夏基石
管理评论

从 方 法 论 到 行 动 力

华夏基石管理咨询集团　主编

第五十六辑

官方微信

中国财富出版社有限公司

图书在版编目（CIP）数据

华夏基石管理评论 . 第五十六辑 / 华夏基石管理咨询集团主编 . — 北京：中国财富出版社有限公司，2020.12

ISBN 978-7-5047-7331-9

Ⅰ . ①华… Ⅱ . ①华… Ⅲ . ①企业管理 Ⅳ . ① F272

中国版本图书馆 CIP 数据核字 (2020) 第 270515 号

| 策划编辑 | 李　晗 | | 责任编辑 | 邢有涛　李　晗 | | | |
| 责任印制 | 梁　凡 | | 责任校对 | 张营营 | | 责任发行 | 白　昕 |

出版发行　中国财富出版社有限公司

社　　址	北京市丰台区南四环西路 188 号 5 区 20 楼	邮政编码	100070
电　　话	010-52227588 转 2098（发行部）	010-52227588 转 321（总编室）
	010-52227588 转 100（读者服务部）	010-52227588 转 305（质检部）
网　　址	http://www.cfpress.com.cn	排　版	华夏基石
经　　销	新华书店	印　刷	北京柏力行彩印有限公司
书　　号	ISBN 978-7-5047-7331-9/F・3257		
开　　本	889mm×1194mm　1/16	版　次	2020 年 12 月第 1 版
印　　张	10.5	印　次	2020 年 12 月第 1 次印刷
字　　数	187 千字	定　价	88.00 元

华夏基石管理评论

2020年第四辑 总第五十六辑
华夏基石管理咨询集团 主编

从方法论到行动力

总 编： 彭剑锋

主 编： 尚艳玲

版 式： 罗 丹

学术顾问团队（按姓氏笔画排序）

文跃然 包 政 孙健敏 杨 杜 杨伟国 吴春波 张 维 施 炜 黄卫伟

专家作者团队（按姓氏笔画排序）

王祥伍 王智敏 邢 雷 全怀周 孙 波 孙建恒 李志华
宋杍宸 张文锋 张百舸 张小峰 陈 明 何 屹 杨德民
罗 辑 苗兆光 朋 震 单 敏 荆小娟 饶 征 夏惊鸣
郭 伟 郭 星 高正贤 黄健江 彭剑锋 程绍珊

咨询与合作： 010-62557029 010-82659965转817 13611264887
读者交流群： 微信 s13611264887
网 址： www.chnstone.com.cn
地 址： 中国北京市海淀区海淀大街8号中钢国际广场六层（100080）

主办

北京华夏基石企业管理咨询有限公司
China Stone Management Consulting Ltd.

CHINA STONE

I NTRODUCTION
本辑导读

壹

管理就是一个悖论，伟大都是"变态"。所谓"悖论"是说：企业秉持长期价值主义，就要活得足够久；而要活得足够久，就要先把眼前做好，"活着就是最高战略"。

没有长期价值主义，走不远；没有每个高质量的"短期"，又何来长期价值？所以，"长期和短期应该是一体的"，"短期是长期的过程，长期赋予短期以意义"，"坚持长期价值主义就是'认真、坚持、做透'"。而做到这些是一个"变态"的过程……不"变态"无管理、不偏执无长期，在"双循环"新发展格局下，本期专题组织了"长期价值主义与长期战略"的研讨，希望给企业家的战略思考提供一个新视角。（见 P2）

贰

持续进化成长，是企业所有经营管理努力的指南针。否则，一切都是无意义的。华夏基石领衔专家施炜出版了新著《企业进化：长期战略地图》，旨在回答"如何从机会型成长转向能力型成长"这一企业关键成长阶段的问题。（见P30）

华夏基石的陈明老师则从具体的人才管理和干部管理策略入手解读，帮助从机会型成长向能力型（系统型）成长的企业建立自己的人才竞争力。（见P37）

STONE

叁

"人才有价"，要真正实现人力资本价值，产业化是有效的途径。济南市人力资本产业研究院做了一系列率先探索。而在理论领域，中国人民大学的杨伟国教授、彭剑锋教授也多有研究。其中，彭剑锋教授在《华为基本法》的起草过程中就思考过人力资本价值的问题。一场理论界"大咖"与实践者的深度对话在北京展开，以"人才有价：人力资本服务产业驱动价值创造"为主题的讨论将为我们展开怎样的想象空间？（见P50）

肆

"别在不产生成果的地方投入资源，为成果而管理"。德鲁克《为成果而管理》一书中虽然没有用"内卷化"这个现今的流行词，但其实他讲的就是如何避免管理的"内卷化"。这就是经典的著作常读常新的力量。（见P78）

"数字化技术正在重塑工作"，人力资源管理如何真正去拥抱数字化？怎么去理解二者的联系，国内较早翻译、研究数字化人力资源管理的胡明老师带来了一些新见解。（见P87）

教练式领导力持续受到关注可能正与数字化时代来临有关。新的管理场景、环境变动加快下业务的变化、企业里人的需求变化等一系列变化对领导方式提出了不同以往的要求。（见P94）

伍

"华夏基石十月管理高峰论坛"是华夏基石主办的高端研讨会，在业内颇有影响，2020年的十月论坛，专家、学者及企业家带来了他们的年度思考：国家"双循环"重大战略调整背后的核心逻辑是什么？数智化时代企业如何建设新能力？面对不确定形势如何避开成长陷阱？华为向军队学习的方法与成果是什么……（见P106）

CHINA STONE MANAGEMENT CONSULTING GROUP

华夏基石管理咨询集团 最懂本土企业的研究型管理咨询机构

管理构筑基石　　咨询智启未来

创始人：彭剑锋

中国人民大学劳动人事学院
教授、博士生导师
华夏基石集团董事长

由中国本土管理咨询业开拓者之一、华为"人大六君子"之一、著名管理咨询专家**彭剑锋**创办。

会聚了近**500位**毕业自国内外知名学府，既具有扎实的专业理论功底，又有丰富实践操作经验的资深顾问。

由50多位知名教授学者、中青年专家组成的**智库团队**。

中国企业联合会管理咨询委员会副主任单位；2015—2017年连续三年入选"中国管理咨询机构50大"名单，并蝉联第一；先后荣获"人才发展服务杰出供应商""最具满意度的综合性服务机构""客户信任的管理咨询机构""中国咨询业十人领导品牌"等**多项荣誉称号**。

为客户创造价值
与客户共同成长

CHINA STONE
华夏基石

为中国企业成长导航
真问题、真方案、真落地
是我们独特的核心能力

30年管理理论与实证研究，**24年**本土咨询实战经验，**16年**华夏基石品牌塑造之路；为千余家客户企业创造咨询价值，陪伴中国企业**500强**成长，我们一直都在！

咨询产品与服务代表性案例——

企业文化方面：华为基本法、华侨城宪章、美的文化纲领、联想文化研究、苏宁易购文化重塑与企业家思想研究、传化文化建设与落地工程、小康集团基本法、伊利股份企业文化落地、宁德时代奋斗者文化与干部队伍建设……

组织与人力资源方面：温氏组织变革与绩效管理、中设设计集团拼搏者文化建设和人力资源管理纲要、国家电网平台型组织研究与人力资源管控模式、北京商业银行任职资格体系建设、江苏电力人力资源战略规划、顺丰集团组织效能提升……

领导力与事业合伙机制方面：小米领导力提升、歌尔声学领导力发展、百果园事业合伙人及人力资源体系建设、维也纳集团多层级事业合伙人机制设计、步步高集团顶层设计与事业合伙人机制设计、安踏集团领导力模型与干部队伍建设……

战略设计与落地管理方面：新希望六和集团微利经营与服务营销战略、美的营销"第三条道路"、新奥集团发展战略、金正大集团发展战略、保利发展集团产业发展战略……

电话：400-0079-000　010-82659965（总机）

官方网站：http://www.chnstone.com.cn

训战咨询 BATTLE TRAINING CONSULTING
——更好的落地，更好的效果！

企业在咨询合作时，往往存在以下三个痛点

01 解决方案不切实际
能不能真正切合企业实际需求提出解决方案，帮助企业解决问题，促进其成长？

02 团队能力滞后于企业成长
能不能提供咨询方案的同时，训练团队使其进步？

03 变革方案与团队共识、团队行动脱节
所有方案背后是团队的共识与行动，能不能避免方案与团队共识、行动脱节，将方案设计与团队共识、行动统一起来？

解决三大痛点，华夏基石集团董事长彭剑锋领衔，以华夏基石"双子星"夏惊鸣、苗兆光为主体，成立华夏基石双子星管理咨询公司，专注于训战咨询以实现更好的落地，更好的效果！

训战咨询是什么

01 训战咨询
就是"方法培训、团队训练、形成方案、达成共识、督导行动、持续改进"一体化闭环的咨询方法。

02 一般流程
培训、练习——企业团队形成研究小组；设计方案初稿——演示、咨询、讨论、修改——定稿——明确方案负责人；行动——复盘、改进。

训战咨询业务板块

围绕"增长/成长"提供系统的训战解决方案。根据实际情况，可选择一项或者组合。

咨询电话：010-62557029 13611264887（尚老师）

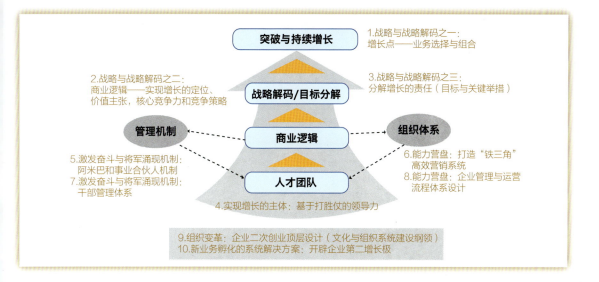

训战咨询业务板块简介

01 卓越企业的成功之道

通过解剖华为、美的、小米等企业成长历史和系统化的管理经验，让企业团队认识卓越企业的成功之道，起到开阔视野、激发激情、营造变革氛围和达成初步共识的作用。
主训导师：彭剑锋

02 战略与战略解码

战略分析；战略纲领；各业务单元、各部门战略绩效；跟踪辅导绩效管理PDCA循环。
主训导师：夏惊鸣

03 基于打胜仗的领导力

基于夏惊鸣老师的打胜仗领导力模型，进行培训、反思、改进行动计划、复盘，能更快速地提升干部基于打胜仗的领导力，培养一支能打仗、打胜仗的管理干部队伍。
主训导师：夏惊鸣

04 阿米巴与事业合伙人机制

顶层设计、经营哲学提炼、组织经营单元划分、量化分权制度建设、内部价值核算与交易、业绩与运营分析、激励机制与应用、"巴长"人才工程、合伙人管理办法、合伙人激励方案。
主训导师：李志华

05 "铁三角"高效营销系统（适合2B业务）

借鉴华为"铁三角"高效营销系统经验，结合企业实际，输出销售布阵改进方法、销售标准行动改进方法、销售运营管理改进方法以及销售组织和人力管理变革方法。
主训导师：赵挺

06 干部管理体系

以华为等优秀企业经验和管理咨询实践为基础，为企业构建干部管理体系，促进企业"将军"辈出、始终处于有效管理状态。干部能力模型以及标准；人才盘点；干部管理方案。
主训导师：葛晶

07 管理与运营流程体系设计

组织模式与组织结构体系；分权手册及操作说明；流程手册与操作说明；岗位操作指导书。
主训导师：胡向华

08 二次创业顶层设计(文化与组织系统建设纲领)

共同纲领；变革行动计划；复盘评估。
主训导师：苗兆光

09 开辟企业第二增长极（新业务孵化系统解决方案）

新业务孵化系统解决方案，从业务路线规划、团队搭建、组织治理、机制设计、文化氛围等方面做出整体安排。
主训导师：苗兆光

华夏收藏

北宋晚期御瓷汝官窑，造于河南汝州，今宝丰县，近千年来地位至高，实为神品，乃中国历史之珍，显中国哲学之华，集中国美学之粹。汝瓷小巧朴雅，温婉隽永，不仅代表中国陶瓷艺术之真髓，历史意义更是深远，古今名藏均以其为首，然珍稀无比，一器难求。

　　汝瓷美不胜收，然传世者寥若晨星，历代藏家一直汲汲以求。中国文化源远流长，而历代陶瓷之中，汝瓷素来被皇室和文人藏家奉为圭臬。明清二代有"五大名窑"之说，所指的便是汝窑及官、哥、定、钧四窑。但五大窑系之中，仍以汝窑为魁。正因汝窑御瓷地位尊崇，所以自11世纪末12世纪初器成迄今，仍备受藏家青睐。

烧造汝窑御瓷的巅峰时期，是北宋徽宗年间（公元1100—1125年）。宋徽宗固非治世之材，但其鉴藏、艺术和审美造诣却早有定论，他统治期间以素雅为尚，这一审美观对后世影响至深。他命人为宫中古玩编纂图录，并为宫廷庙宇定制大批艺术精品，其好古慕雅之名遂不胫而走，造就了中国史上有名的文化盛世。

汝瓷素雅洗练，含蓄实华，呼应宋人尚真、顺应万物之世界观。如此品味为北宋思想家王安石所尊崇，布衣粗食，朴简归真，深刻影响了当时的文人画家。不同于画院派华丽构图与繁复技法，他们笔下线条简约，描写自然乡野，朴拙而意趣横生。一如宋时画家绘山水重云霭之美，瓷匠亦追求烧出"雨过天青色"。瓷器经过高温窑烧而得的柔美釉色，偶然得之的晶亮冰裂，一切顺应自然，朴实而绮丽，深深应合中国文人之德。

此北宋汝窑天青釉圆洗，敞口，浅弧壁，圈足微外撇。胎呈香灰色。通体施淡天青色釉，呈清逸灰蓝色，釉面凝脂泛油光，开片疏密有致。其釉色素雅幽静，器表腴润，观之端凝大气。盏沿釉层偏薄，隐约可见其下微微泛红的胎色，器足有五个 小支钉痕。这种将圈足下沿支于小支钉上烧造的方式，难度极大。陶工若用此法，唯有希望盏或盏托的圈足在窑烧之际，能与支钉以等量、等速收缩。否则，器物便会从支钉上倾倒而报废。这种烧造方式极为高超，动辄报废。古往今来，北宋汝窑天下闻名，迄今仍长盛不衰。藏家慕其蕴藉之美，然而千金难得，故莫不视之为终极的收藏目标。此圆洗弥足珍贵，且美不胜收，洵为传世汝窑佳器之中的绝色。

（藏品来源：易手淘微信小程序）

目录 CONTENTS

管理洞见

如何避免管理"内卷化"
——为成果而管理

施炜

十月论坛

数智化转型与组织新能力建设

彭剑锋

阅读与思考

世界上只有一条"护城河"

张磊

华夏基石管理评论

企业家的案头参考书,领导干部培训实用教材!

联系方式:010-62557029　微信:s13611264887

本期专题

CHINA STONE ▶▶

秉持长期主义的第一个基点是捕捉不变、把握不变的东西，第二个基点是坚守价值观。

——苗兆光

不"变态"无管理、不偏执无长期
——长期价值主义与长期战略

华夏基石"3+1"论坛第32次活动

研讨嘉宾

彭剑锋 华夏基石集团董事长，中国人民大学劳动人事学院教授、博士生导师

苗兆光 北京华夏基石双子星管理咨询公司联合创始人、联席CEO，训战结合咨询专家

夏惊鸣 北京华夏基石双子星管理咨询公司联合创始人、联席CEO，训战结合咨询专家

黄元联 华夏基石集团高级合伙人

策划/主持/文字

尚艳玲 《华夏基石管理评论》主编，企业文化咨询与研究顾问

◆ ▶ 开场语

早年看过一本极客特斯拉的传记《唯有时间能证明伟大》，这是我对于长期主义最早的一点印象：伟大是需要时间去证明的，是能经得住时代更迭的检验的东西，比如价值。现时的辉煌是成功，但不一定是伟大。

最近，关于长期主义，业内人士多有提及，比如高瓴资本的创始人张磊在其《价值》一书中说："长期主义不仅仅是一种方法论，更是一种价值观。流水不争先，争的是滔滔不绝。"

管理学家陈春花说："越是变化，越是需要长期主义。"

彭剑锋教授在对 50 家世界标杆性企业的研究中得出"世界顶级企业都是长期价值主义者"的结论。他认为，长期价值主义就是摒弃投机主义与短视主义，确立宏大而长远的目标追求，长时间为之奋斗，心无旁骛，以足够的耐心和定力，长期坚持做好心中认定的事业。

可见，衡量长期价值主义，核心的标尺是时间。

但对于企业来说，秉持长期价值主义，就要活得足够久。要做时间的朋友，就要有能跨越经济波动周期的能力，扛过每个经济"寒冬"，应对大大小小的环境变化（如市场、客户、企业内部等）带来的考验。如何判别环境、适应环境，从而把握环境、超越环境，永远是企业的关键命题。

华夏基石研究企业成长与战略的专家对此多有主张。施炜老师认为企业成长进化需要掌握"长期战略地图"，以顾客价值增量为起点，在适应环境、与环境互动的过程中，不断实现结构、机能等的演变与发展，改进生存和发展模式，从而延续企业的寿命；夏惊鸣老师有两篇演讲，叫"一切都是格局和时间的函数""长期战略要求有格局、会布局"；苗兆光老师也说过"追求成长一定要跨越时空配置资源"；等等。

今天在不确定的大时代背景下，在中国经济进入"双循环模式"的新发展格局下，企业当如何理解、实施长期价值主义与长期战略，跑赢周期，做时间的朋友？（尚艳玲）

黄元联：像华为一样坚持长期主义的经营管理哲学

怎么看待长期主义、长期价值主义与长期战略？我观察一些企业如华为的实践，得出几点体会。

一、长期主义从宏观上讲，是一种产业政策或产业选择

华为任正非（以下简称任总）近期有一个内部讲话《向上捅破天，向下扎到根》在社会上引起了广泛的讨论，文中他举了一个"小小一滴胶，就能制约一个国家"的例子，说明我们在一些基础技术或产业关键技术方面还有很多短板。这"小小一滴胶"说的是芯片制造当中必不可少的"光刻胶"，这是分子工程，是高科技中的高科技，技术要求高而整体市场规模又比较小，所以很多中国企业不愿意在这方面投入。

在前不久的华夏基石十月管理高峰论坛上，我跟一个化工行业的企业家交流，他也谈到了一个关于高精材料的问题。他说，中国有一种胶水出口到韩国，纯度是92%，这个价值已经很高了。但是韩国人在这92%纯度的材料基础上通过高科技将其提纯到99.99%。这种高纯度胶水用于手机屏幕上面的涂层，没有这种高纯度

黄元联
华夏基石集团高级合伙人

胶水涂层，手机屏幕就会产生瑕疵。这种胶水中国现在还不能生产，因此还需要从韩国进口。

所以说"小小一滴胶，就能制约一个国家"的说法，可能很扎心，但也真实反映出我国产业发展在基础技术或关键技术方面的"短板"，也反映出过去我们在产业政策上的短视，或者说缺少长期价值主义主张。

在"拧开水龙头就出水"的短平快的经济发展模式下，众多的中国公司处于产业链低端——宁可做组装厂赚取微薄的利润，做大规模后通过类似"产业＋地产"的方式进入房地产、金融等行业，也不愿向产业上游进军，通过加大研发投入、做强做大主业进而全球化。现如今在美国技术封锁的情况下，这种模式的弊端暴露出来，大家真切地看到：我们这样一个人口众多、经济体量巨大的国家，就像是一棵大树，根不深不壮是不行的。没有核心技术、核心材料，产业就没有支撑，一阵风刮来，整个产业都会受影响，甚至摇摇欲坠。

从产业角度、产业政策上来看，就需要我们对这种短平快的经济发展模式进行调整，更加聚焦在具有长期价值的核心科技领域、实体制造领域，做核心科技的攻关和投入。这是从宏观层面看长期主义的问题。

二、从微观层面看，长期主义是一种管理哲学，也是一种经营哲学

秉持长期价值主义，首先要求企业在战略投入上要有长期的眼光和战略耐性。华为 1998 年引进了 IBM 的投资咨询，花了几十亿美元，从 1998 年开始一直到 2003 年，整个以 IPD（集成产品开发）变革为主要内容的管理咨询才完成。而在这段时间内，华为过得并不轻松，2003 年年底还差点儿要卖给摩托罗拉，也就是说即使在整个经营状况不是很理想的状况下，华为始终保持了战略投入。请注意，华为把管理咨询这部分的预算划归到战略投入上。

在 1999—2003 年这五年时间里，华为即便遇到各种困难也始终保持这种投入。到了 2004 年，华为管理变革、管理咨询的投入开花结果，让华为的研发效率大大提高，建立了系统的具有大企业竞争优势的研发流程。与此同时，2004 年华为打开了欧洲的"大粮仓"，获得了国际一流通信企业的订单。相形之下，很多企业可能做咨询第一年没见成效，第二年就打起了退堂鼓，第三年就开始不投入了。华为是认准了一个目标，只向一个老师学习，进行长期、持续地战略投入，始终致力于提升企业的整体运营效率、降低企业运行成本，这一点是长期主义在华为管理哲学上的一

个体现。

同样重要的是，长期主义作为一种管理哲学也体现在华为的价值分配上。《华为基本法》里有一句话："我们不会牺牲公司的长期利益去满足员工短期利益分配的最大化。"这是 1996 年华为明确提出的一个观点。在价值分配上，华为整个价值分配倾向有利于员工的长期利益，有利于公司长期发展的利益。这就是任总在《我的父亲母亲》里面说的，他的不自私坚持这样一种长期主义的价值分配理念，使华为能够"用一桶糨糊"凝聚十几万人。我认为这是推动华为能够持续发展的一个非常重要的管理哲学。

长期主义作为一种管理哲学也体现在华为的价值分配上。

三、长期主义并不是故步自封，也不是作茧自缚

华为从 1996 年起草《华为基本法》的时候就提出"为了使华为成为世界一流的设备供应商，我们将永不进入信息服务业。通过无依赖的市场压力传递，使内部机制永远处于激活状态。"这是《华为基本法》的第一条。

在相当长的一个时期内，华为的战略愿景是没有变化的。直至 2005 年，华为公司的愿景有了新的提法："丰富人们的沟通和生活"。1996—2005 年，十年时间华为愿景才做了一次调整。当然，2017 年，面向 5G 时代，华为重新梳理了自己的愿景和使命，提出"把数字世界带入每个人、每个家庭、每个组织，构建万物互联的智能世界！"

从华为愿景的变化我们可以看到华为的长期主义经营管理哲学和坚定的战略耐性；同时我们能看到，华为

没有故步自封，随着全球市场和技术的变化以及大时代的来临，提出了新的鼓舞人心的目标和愿景！

坚持长期主义也不排除企业面对外部环境变化的调整和权变，"方向大致正确"，企业要结合新时代的新机会，进行公司愿景、企业文化的梳理。

从较长的历史时期来看，世界的变化和创新是永恒的，价值坚守和聚焦才是企业的取胜之道。就像华为数十年来只对准一个城墙口冲击，用长期主义的眼光来构建企业的组织能力。这样才取得了持续发展，让企业从几百亿元发展到几千亿元，从国内走向国外，进军全球。

有句话叫"大时代千万不要机会主义，要有战略耐性。"我们坚信中国越来越多的企业会像华为一样坚持长期主义的经营管理哲学，不断地做大做强。🔲

彭剑锋：长期主义的前提是为客户创造长期价值

最近"长期价值主义"这个提法比较火。之所以火，我认为是源于中国企业的现实生存问题。其实，长期和短期本来是不可分割，从时间这个维度来讲，长期和短期两者是一体的，并不是说追求长期就不要短期，长期目标恰恰是由短期目标积累起来的。

管理就是一个悖论，所谓"悖论"是说：活着是最高战略，活着就是先把眼前做好，先活下来才会有长期。没有短期的活，哪有长期呢？所以长期战略和短期规划本身也应该是一体的。

长期主义和短期策略并不是矛盾的，这是我想先澄清的一个概念。

现在大家之所以热衷于提长期主义，是因为中国企业过去确实一味追求活下去，一味追求做大做肥，没有去追求真正基于长期价值主义的可持续性发展，没有把可持续性发展真正作为企业的核心目标。过去在享受全球化红利时，中国企业总体来讲太偏向于机会主义导向，经营思路、经营行为过于短期化。正是基于这样一个背景，我们提出长期价值主义，强调它对于中国企业长远发展的重要性、必要性。

长期价值主义有两个核心的要素。

首先，长期价值主义是具有长期高远的目标追求。从企业家的角度讲，它不是短期做一个生意，赚钱就行，而是有高远的、长期的目标追求。一个企业能不能长期

彭剑锋
华夏基石集团董事长
中国人民大学劳动人事学院教授
博士生导师

活下去、有没有长期的目标追求，还是取决于长期的价值——能不能持续为客户创造价值，具不具备长期的成长价值和价值创造能力。

其次，一个企业若要具有持续的价值成长能力，长期为客户创造价值，就必须要在资源配置上，对未来的战略资源做长期的投入。没有投入就形成不了持续创造高价值的能力，尤其是对软实力的投入，包括对人才、技术、管理的投入，还包括起草一部基业长青的企业基本法。对人才和技术要舍得投、长期投、连续投。在某种意义上可以为长期利益牺牲短期利益，长短要结合。

对长期的能力做投入，这是很难的，因为所有的企业都在求生存，但资金、资源都有限，要把所有资源配置在压强聚焦的业务上，既要关注短期生存又要关注长期发展，这个说起来容易做起来很难。中小企业的生存始终是一个很现实的问题。

既要仰望星空又要脚踏实地，企业如何在长期价值主义的信念下平衡现实与未来，我想以下这些问题是绕不过去的。

1. 产业选择

企业跟人一样，也有它的"命"和"运"。谁不想活得更长？谁不想有高远的目标追求？但起决定作用因素的一方面是企业家的长期主义愿望，另一方面跟企业的"命"和"运"相关。"运"就是你选择了什么样的产业。很多人喜欢把联想和华为放在一起比较，认为联想败在没有做长期投入上。当年我跟柳传志先生聊过，电脑产业本身就是个毛利率不高的产业，20世纪90年中后期也就是10%~20%的毛利率，它怎么可能拿利润的10%砸在研发上？第一拿不起，第二拿出来它就死了。相比较而言，华为所在的通信行业毛利率就高得多，拿出10%的利润做研发并不会影响它的现实生存。

所以我说，长期主义并不是说不顾现实，长期与短期其实是一体的。

2. 利益分配

长期价值主义必须要有长期利益分配的动力机制，才能让大家愿意为长期付出。

3. 绩效考核指标

从宏观上来说，现在中国从单一追求GDP转向追求高品质发展，因此企业的绩效考核指标得跟着总目标变，要以价值取向为核心。最终一个企业、一个国家能不能真正基于长期主义去发展，我认为跟绩效价值取向有关系，跟考核指标有关系。绩效考核指标就是个指挥棒，比如这些年中央把绿色发展、可持续发展作为地方政府的考核指标，我们的生态环境建设就好了很多。

4. 追求长期价值主义必须要有能力，能力来自长期的投入

能力来自什么？除了企业家的信念、追求以外，还来自企业持续的投入，对于一些关键的、决定未来的战略要素要舍得投入。能力来自长期的投入和积淀。

5. 机制制度的顶层设计

要让企业真正具有长期价值主义，机制制度的顶层设计就必须体现长期价值主义，长期价值主义本身也是一种机制制度设计。如果机制制度的顶层设计没有体现出长期价值主义，肯定也不可能推动一个国家、一个企业追求长期价值主义。华为有《基本法》，有整个价值创造、价值评价、价值分配体系，围绕着以奋斗者为本，来持续激活组织，持续激活组织就是长期价值。以奋斗者为本就是长期价值主义，这就是靠机制制度使得整个组织充满活力，靠机制制度形成以奋斗者为本的企业文化。什么叫长期？奋斗者做的事情就是长期奋斗，就是创造长期价值。

> 要让企业真正具有长期价值主义，机制制度的顶层设计就必须体现长期价值主义，长期价值主义本身也是一种机制制度设计。

6. 企业家要有战略定力

从人性这个角度来讲，企业家的行为包括公共言论不能过于短期，要有战略定力，要有耐心等。很多企业家是没有足够耐心，战略定力不足。

7. 融入时代，敬畏规律和常识

企业家不管取得多么大的成功，也不要认为自己能超越时代。我在朋友圈里发过一句话：企业再大不要大过客户，企业再牛不要牛过党和政府，个人再伟大不能伟大过时代。

人民网有一句评价很对，"是时代造就了马云，不是马云造就了时代。"这个道理是明摆着的。就跟地球只是宇宙中的一粒沙子一样。

所以个人既要有远大的理想追求，又要认识到个体的渺小如沧海一粟，大不过时代。中国企业家出事，都是从自我膨胀开始的。人一旦膨胀，就认不清自己了，就不知道自己的分量了，这是很可怕的。我记得侯宝林讲过一个相声，他说，人出了名就像坐在手电筒的光束上，啪，观众一按电门就把你弄到光束上，五光十色，你坐在光束上感觉特别好。但你没想到，电门在观众手上，人家把电门一关，你吧唧一下就掉地上了。捧得越高摔得越惨。侯宝林讲，人得坐在实物上，别坐在手电筒的光束上。

所以我们一直说，企业家是"企业的企业家"，企业不是"企业家的企业"。你可以说是某某的时代，那也只是指某个阶段、某个有限的空间内。所有人，包括伟人都会因为时间而消逝，所谓"时代"是短暂的。

企业家要经得起批评和捧杀。从这个角度来讲，长期价值主义实质上对每个企业来讲，是都要有足够的耐心，既能够经受住挫折，又能经得起表扬。其实人最重要的能力不是经不起批评，而是要经得起表扬，经得起别人的"捧"。别人都捧你的时候，你对自己要有清醒的认识，别真的就把自己当个了不起的人物看待，尤其不要以为凭一己之力可以超越这个时代。

我常说，别人都捧你的时候，你一定不要把自己当人看待，你就把自己看成是二狗子出身；别人都瞧不起你的时候，你却一定要把自己当人看待。

如何融入时代也是一种长期价值主义，不要超越这个时代。当然，创新有时候要引领时代，这是毫无疑问的，但是你想超越时代，完全把自己放在时代之上，那就有问题了。跟历史的长河相比，个体的人都是弹指一挥间而灰飞烟灭，再伟大的人物也如此。

所以，长期价值主义一定要敬畏常识、敬畏规律，要坚持长期主义的话，对于常识和规律需要有清醒的认识。现在很多企业家常以创新为名来蔑视常识和规律。人都有局限的，时代是有局限的，人既要突破自身局限，又要受时代局限性所限，我认为一个企业家哪怕有天大的本领，也还是要遵守时代的常识和规则，敬畏规律和常识。

8."做实"与"做虚"结合

总的来讲，中国经济发展到今天，

尤其在中央提出的以国内大循环为主体、国际国内双循环相互促进的新发展格局下，确实需要中国企业以安全可靠、高品质的产品和服务长期为客户创造价值。经营企业做实占70%、做虚占30%，以实为主、虚实结合。要想坚持长期价值主义，可以按照70%的实力+30%的预期去做，这是比较稳妥的策略。

渐入佳境、功力老成是长期价值主义的做事风格和精神境界。 做人、做事都如此：不一定去追求当下有多火，而是追求天天在学习、天天在进步，一天比一天好，一天比一天对事物的认知更透彻，更能悟出人生与事业的真味。

日本企业的管理精髓和它的长期价值主义恰恰也体现在从点滴做起、持续改善上。按毛主席的说法就是好好学习、天天向上。

9. 长期价值主义不等于业务聚焦

长期价值主义并不等于业务聚焦，这两者不能等同，这是我的主张。

现在大家对企业经营的认识有个误区，就是一说到长期主义就认为是业务聚焦。为什么我说这是个认识误区？因为在数字化、智能化时代，企业的决策是迭代决策，是一个持续迭代的过程，不是一枪就能瞄准。就像阿里研究院院长所讲，是先开枪再瞄准，在动态中迭代，不是说一开始还没想明白时，就把10个鸡蛋放在一个篮子里面，是要先把鸡蛋分别放在8个篮子里面去试错，在试错的过程中再聚焦、迭代。所以这个过程更需要长期主义、更要有足够的耐心。

短期主义的行为就是"我一把全赌在这儿了"，这是赌性。长期主义也可能要先试错，在试错的过程中才逐步聚焦，才摸到迭代的正确方向，它的做法恰恰遵循了对称性的资源配置原则。对称性决策原则更适合长期价值主义，只重视聚焦业务的思路反倒有更多"赌一把"的意思。聚焦长期干好某件事也是对的，但另一方面，有时候聚焦的赌性恰恰太强了，在互联网时代做业务是要迭代的，尤其创新型的业务更需要迭代、更需要包容。

黄卫伟老师讲过，不浪费资源在非战略性目标上，但是现在很多行业让人真的看不清楚未来的业务、创新的业务是什么样的，变化太快了。前段时间我参加医药连锁行业的一个活动，大家说这个行业还是要发育自己的能力。我说，你如果不看外部环境的变化，对自己需要发展的能力也会认识不清。你看现在药品零售量最大的地方是哪儿？是京东、美团。如果有一天美团自己建立医药供应链平台了，医药企业怎么办？事实上目前京东、美团也都在建立自己的药品供应链。这就是时代所带来的颠覆，企业家必须要关注这些东西。

企业的经营路线也不是一条道走到黑，有时候也需要跃迁、要变道。**企业解决好生存问题是坚持长期主义的前提。**现在的长期主义经营原则在操作层面要动态选择，不是"一根筋"，过去大家理解长期主义就是聚焦，是"一根筋""死磕""赌一把"。现在不是了，看不准的条件下你就得动态选择，就得迭代。所以长期价值主义也是相对的，不是绝对的，企业首先要活下去，在活下去的前提条件下再为未来多投入，为未来多做打算。

> 长期价值主义也是相对的，不是绝对的，企业首先要活下去，在活下去的前提条件下再为未来多投入，为未来多做打算。

坦率地讲，对于 99% 的企业来说，都是先活着，因为每天都有无数的企业死去。当年华夏基石的咨询团队在美的做服务的时候，顺德当地有 480 种品牌家电，现在就剩下不到 10 个了。由此可见，绝大多数企业都不可能一开始就保持长期主义，而是先活下来，再为长期活着做打算。

10. 能力与品牌的建立，需要在"不赚钱"的事情上长期投入

没有个人品牌、团队品牌，就不可能有企业品牌，企业有一批有领导力、创新力和传播力的人，企业品牌自然就立起来了。因为相对组织来说，人是短暂的、流动的，这个组织如果长久存在的话，流水的兵离开了还有铁打的营盘，企业品牌自然就有了。企业要造就一批

批的人才,培养出业界的"牛人""大咖",企业的品牌自然就建立起来了,像华为、阿里巴巴,造就了多少人才?

对个人来说,长期主义可能就是要长期坚持做不赚钱的事情,像华夏基石的人写管理类的原创文章、来参加论坛研讨,也没有钱赚,但长期坚持,一批人在业界就有了声名、有了成果。写文章不仅是输出,实际上在这个过程中自己也提高了。必须肯为长期的目标去付出,牺牲个人的短期赚钱机会,愿意为这一生成就一番大事业去不懈努力、长期奉献,这就是长期主义的核心。🔲

夏惊鸣：一切的伟大都来自"认真、坚持、做透"

"长期主义"确实是一个很好的概念。但是按照我的习惯，我们对任何概念，都要把背后的本质问题想清楚，否则，有可能观点是对的，但在实践中是错的，因为管理学是一个很变态的学科，怎么说都有道理，所以一些观点需要放到具体的场景中去理解。比如彭老师前面讲，长期主义不等于业务聚焦，那业务聚焦是不是长期主义？如果不了解观点背后的本质，可能就有人会说长期主义就是要业务聚焦，也有人会说不一定要聚焦，到底谁对谁错？

当然，管理学、管理实践中也有不变的，即本质的、规律性的东西，那么长期主义的本质是什么，在变化的经营场景中不变的又是什么？想清楚这个问题，可能有助于企业理解长期主义对于经营的价值与意义。

一、"长期主义"的前提是战略方向大致正确

我们首先需要厘清战略的三个概念：战略方向、战略逻辑、战略行动。

战略方向代表的是业务选择，代表的是你选择的主战场。如果说你刚开始选择的主战场本来就很"瘦"，空间也不大，或者是一个红海市场，你去做业务聚焦可能就是死路一条。这就回答了前面彭老师提到的这个问题，到底长期主义是不是业务聚焦？方向错了，聚焦不是找死吗？这是一个战略方

夏惊鸣
北京华夏基石双子星管理咨询公司
联合创始人、联席CEO，训战结合
咨询专家

向的问题，方向正确是长期主义的前提。如果说我们选了一个有前途的方向，一方面你可以赚钱，有资本去做长期主义，另一方面有坚持长期主义的客户价值基础。

再举个例子。中国有很多企业，尤其是在三线至五线城市的企业，规模尚小时就开始多元化。我以前就一直讲，很多企业的多元化是"伪多元化"，并不是真正意义上的多元化，因为它其实是没有主业的，干了一堆的事都是要死不活的，或者是苟延残喘，或者一看就是机会型的，做着做着就没有未来了。那怎么办？这时就开始所谓的"多元化"，不断地找、不停地试。中国很多企业的多元化是"伪多元化"，是在"多元化"当中找主业，找主战场。

> **长期主义体现到企业的经营实践中，有三个关键点：第一是业务组合；第二是核心竞争力；第三是组织能力。**

所以我们一定要在战略方向正确的前提之下，坚持我们的长期主义，否则它只是一个错误的方向，所有的试错基本上就是沉没成本。但如果方向是对的，吭哧吭哧地干，试错就是一种累积。

这里把这三个概念界定一下：战略方向就是业务选择、主战场选择；战略逻辑就是怎么赢得这个主战场，是对定位、价值主张、策略、核心竞争力等的思考，也可以叫商业逻辑，就是我怎么打赢这个仗；战略行动是基于思考清楚以上两个问题后，我们具体用什么关键的举措去落地，去实现。

抛开长期主义不说，厘清这三个概念也有很现实的意义。我们在企业咨询过程当中发现了一种现象：老板认为他的战略非常清楚，下面人却认为战略不清楚——很多现实情况确实是老板就提了一个方向，甚至只是提了一个是似而非的概念，但对到底怎么做？或者实现成功的战略逻辑和战略行动没有想透，没有充分思考，厘清思路，达成共识。这时就会出现一种情况：有可能是方向出了问题，但企业家却认为是执行力出了问题；也有可能方向是对的，是执行力出了问题，大家却在否定它的方向。这主要就是我们没有区分战略方向、战略逻辑和战略行动，然后一个层面一个层面去把它界定清楚所产生的问题。这种现象的危害不是没有弄清几个概念，而是企业没有找到真问题，问题就总是得不到解决，耽误时间且浪费了资源。

战略方向是我讲"长期主义"的第一个本质。

二、长期主义落地的三个抓手：业务组合、核心竞争力、组织能力

长期主义的第二个本质讲的是，长期主义到底意味着什么？我们怎么去落地？我认为，长期主义体现到企业的经营实践中，有三个关键点：第一是业务组合；第二是核心竞争力；第三是组织能力。

为什么长期主义体现在企业的经营实践当中，是这三方面呢？

（一）所谓的业务组合就是"吃在碗里、看在锅里、种在田里"

这是柳传志先生讲的一句话，很形

象。很多企业刚开始抓住了一个机会，做了一个产品很成功，之后就忘了未来这个产品是不是还能够赚钱，而任何一种产品都会进入饱和期，进入衰退期。产品是有生命周期的，如果前期不做好准备，也就是围绕所谓的第二增长曲线、第三增长曲线做好准备的话，等主业进入了一个红海，进入存量市场衰退期的时候，增长就没有了，衰退开始出现。一旦增长出问题，正如"贫贱夫妻百事哀"一样，增长衰退百事哀。

（二）核心竞争力

2008 年国际金融危机以来很多企业活得很痛苦，但我们也看到很多企业活得很好。凡是活得很好的企业有几个特点：第一，选择的业务在时代的新风口上，比如围绕高铁产业链做可能就没太大问题；第二，尽管是存量业务，而且是传统产业，但基于客户痛点或行业痛点进行了改造和创新；第三，就是也没有什么变化，既不是风口，也不是商业模式改造，但原有的业务形成了核心竞争力——这就是所谓的隐形冠军或行业冠军的概念，聚焦于一个细分行业，持续改进、持续投入，在这个领域形成了核心竞争力。

凡是有核心竞争力的，就不至于活得太痛苦。喊痛苦的企业大都是没有核心竞争力的，因为过去赚钱的时候忘了

去打造核心竞争力。不久前我讲课还谈到了这个问题，凡是有人说能给现在活得痛苦的企业支招，让企业立马"不痛"的，基本都是胡扯。为什么？因为**现在所有的痛苦，基本上是过去没有在核心竞争力上投入和累积，而这恰恰就需要时间，需要我们所讲的长期主义。**

企业的这种"痛"是必须由时间去解决的问题，除非是一种商业模式的创新，或者找到一个新的风口领域。如果是说在原有的逻辑上、原有的领域出一个什么"绝招"，然后马上解决问题，这绝对是胡扯。

说到这里，我说说 OEM 企业，我原先以为 OEM 企业是很一般的，实际上，OEM 企业活得很爽。几年前，我去东北袜业园的时候，袜

> **组织能力建设不仅仅是长期主义，而且是一项系统工程。**

业园的老板带我去参观织袜车间，指着织袜机问我，这是什么东西？我还以为是脑筋急转弯，怎么想也想不出来，然后说，这不就是织袜机吗？他说：这不是织袜机，这是印钞机，你看 5 毛、5 毛、5 毛的这样一直在印出来。这个时候我才知道，有些 OEM 企业活得很爽的——不需要品牌，不需要研发，不需要营销，甚至连产品设计都不需要，只需要制造能力，订单一来就是印钞机，就能赚钱。

但问题来了，如果不及时打造核心竞争力，情况一变，只会无能为力。2008 年国际金融危机之后，长三角、珠三角死了多少 OEM 企业？过去在做 OEM 企业的时候赚钱很爽，但是它没有品牌，没有渠道，没有技术，甚至连产品能力都没有，所以环境一变化，订单没了，它无能为力。因为它要品牌没品牌，要渠道没渠道，甚至

有的连产品能力都没有，只有制造能力。所以企业一定要打造核心竞争力。

（三）组织能力

一是要理解组织能力的重要意义，二是要理解组织能力建设的长期性和系统性。

如何理解组织能力的意义？请体会我下面这段话对不对——请思考企业的核心竞争力怎么形成？假设技术是我们的核心竞争力，大家想想，没有技术人才会有技术核心竞争力吗？技术人才来了之后，如果没有好的管理机制，激发他们的奋斗精神，激发他们的创造性，企业的技术核心竞争力会有吗？如果我们不能形成技术研发的组织体系，我们能够保障技术研发能力的沉淀和不断提升吗？

由此，我说人才梯队、管理机制和组织体系就是组织能力的核心构成。核心竞争力背后是组织能力来支撑的，如果没有强大的组织能力，核心竞争力是很难形成的。因此，企业核心竞争力打造归根结底要落到组织能力的建设上。

组织能力的建设恰恰需要坚持长期主义。之前有位客户跟我说：夏老师，你能不能给我做一个咨询项目，做出来之后可以一劳永逸。我说不可能，管理永远是"逗号"，没有"句号"。企业文化也是一样，我们做项目只是一个逗号而已，它不是句号。

打个比方，如果一个企业没有人才梯队，机制会失灵，你想换人也换不了。很多管理的问题，归根结底是人的问题，是人不合适的问题，而如果要确保企业的人合适，实际上需要早期就开始布局。比如要大量地招聘人，要让这些人到"战场"中去，然后要做好评价区分机制，把那些能打胜仗、敢于挑战、有学习能力、有一定大局观的人区分出来，优秀的班长就是排长的后备，优秀的排长就是连长的后备，等等，这样一来，就慢慢形成了人才梯队。形成人才梯队之后，不合适的人该换就换。这是一个长期"育苗—成长—优胜劣汰"的过程，所以希望"一招鲜"，希望一年就把这个事情解决是不可能的。

组织能力建设不仅是长期主义，而且是一项系统工程。为什么这么说？

我们常常看到的一些问题，其症结并不来自这个问题本身，而是一个系统原因造成的。比如讲"员工没有激情"这一问题，首先就和打胜仗（打胜仗可以是增长，也可以是高速增长，但要解决支撑增长的障碍）有关系，而打胜仗首先跟企业高层领导团队有关系。比如说高层领导团队是不是有追求、有激情的，是不是具有打胜仗的业务能力，如果高层领导团队不行的话，员工又怎么有激情？反过来说如果我们没有大量招人，没有通过评价区分把能打胜仗、有思路、有格局的人区分出来，形成人才梯队，然后优胜劣汰，未来也不可能形成自我新陈代谢的、有战斗力的高层领导团队。

另外，企业从0到1的突破，进入快速发展期，这一时期是组织能力集中建设期。这一时期最大的难点就是系统性缺失，必须理解这一时期的特点，才能更好地度过这一时期。

企业在第一次创业期的阶段是"小船"的方式，靠的是几个"侠客"，小船体系的动力是人划桨，转向也是人划桨。但是到了二次创业期的"大船"体系时，动力是发动机了，有传动轴了，有液压系统、电力系统和电气系统，甚至有通信系统。它们的管理逻辑是完全不一样的。

"小船"和"大船"两种逻辑背后的区别究竟是什么？这就类似于猎人和农民的不同。"小船"时期类似于是一个猎人，靠的是枪法准，一枪打一个猎物，狩一季猎其他三季就可以歇着。农民种地就不是这样，种地必须吭哧吭哧地干，春种夏锄秋收冬藏。农民务农与猎人打猎有什么区别？打猎是单一因素，农民务农是系统因素。比如，种子质量差就不行，种子好土壤不行也不行，

乱施肥也不行，有虫害的时候不打农药也不行，连续耕种几年之后不松土，或化肥用多了，土地板结了也不行。

所以企业在二次创业之后建立的组织能力就不是猎人的能力了，而是农民的能力，是一种系统能力，需要持续花时间去做。

这是我讲的长期主义的第二个本质问题，长期主义落地的三抓手：业务组合、核心竞争力、组织能力。

三、长期主义的三大思维：格局，布局，认真、坚持、做透

有一年我在公司年会上讲了这个题目：格局与布局。长期主义其实也可以归结为这几句话。

长期主义是格局。 追求、胸怀、视野都可以用格局来解读。如果你没有格局，就没有追求，没有追求不可能打造核心竞争力，如果没有追求和胸怀就不可能打造好组织能力。所以，最终决定事业高度的底层因素是企业家的格局。

长期主义是布局。 所谓长期主义，就是以未来看现在，要去围绕长期主义思维做布局，业务组合是布局，核心竞争力是布局，组织能力的建设也是布局。比如一家企业现在招应届毕业生，一定不是为了解决现在的问题，而是为了解

决未来的问题，经过五六年之后，这个企业就形成了内生的、会自我新陈代谢的人才梯队。如果不能形成会自我新陈代谢的人才梯队，每次遇到什么事要靠从外面招人，招来的人能力如何还不知道，来了以后还得磨合，各种问题就出来了。所以对企业来讲，只有形成了人才梯队，这个组织就有了稳定性。这就是一种布局的思维。

长期主义就是"认真、坚持、做透"。长期主义反映在行为上就是这六字箴言。为什么这么讲？曾经有一个餐饮企业老板问我，他说我们餐饮行业没什么核心竞争力，又没什么技术，我能不能做一个大公司？我说可以，因为这是一个大市场，他说我没有核心技术，不像芯片企业那样，我能行吗？我说可以。

为什么？你去看看一个企业最底层的核心竞争力是什么？是"认真、坚持、做透"，因为 99.99% 的企业都做不到这一点，所以如果有一家企业真正能够认真、坚持、做透，一定是一个成功的企业，甚至是一个伟大的企业。

华为为什么伟大？管理讲起来谁都懂，华为的任职资格体系也并非十全十美，还有迭代改进的空间。关键是他们做事情较真，比如像《华为基本法》，立了法就真正在执行。企业做文化、做《基本法》的很多，为什么只出了一个"华为"呢？是华为人认真、坚持、做透。由此可见，**归根结底，一切的伟大都来源于把自己的事情认真、坚持、做透，能做到这样，就是在践行真正的长期主义。**🆔

苗兆光：洞察和把握"不变的"，是长期主义的基点

我谈四个观点。

一、长期主义是最优的竞争策略

我们为什么要谈长期主义？比如在企业竞争当中，你立足于短期的时候，你的核心竞争力、组织能力，凡是牵扯能力的都是短期内难以建立的，都是靠时间堆出来的。为什么人家能形成核心竞争力？就是因为只要是花时间打磨出来的能力，旁人很难在短期内获得。如果别人在短期内也能轻易获得，再加上资本，人家有了核心竞争力，就把你挤出赛道了。所以凡是有竞争性的要素："护城河"也好，人力资源也好，技术和品牌也好，其实都是长期的积累结果。就像做个网红容易，建立一个品牌难，因为品牌背后都是能力项。

二、长期主义的战略基点是捕捉、把握不变的东西

如果你想在不断变化的现实情况中做长期主义，却总是把精力放在变的事情上，是无法走向长期的。

京东为什么这几年发展得比较稳健，在大环境不太好的情况下京东的市值还在不断上涨？就因为前几年京东在讨论零售的时候，他们分析零售业在消费习惯、业态和竞争方式上变化很大——一会儿搞直播，一会儿兴网红；消费者习惯一会儿走高端，说消费升

苗兆光
北京华夏基石双子星管理咨询公司联合创始人、联席CEO，训战结合咨询专家

级了，一会儿又是拼多多往低端走。总之消费的业态变化特别大，如果要在零售业做长期主义，应该怎么做？没人有现成的答案。但现在回过头来再看当年刘强东讲的话，他说：零售的本质是背后的物流，是供应链体系，建设和掌控好供应链的效率和成本就是长期主义。京东这么多年就一直在往供应链体系、往物流里砸钱。不管零售端怎么变，变的时候就去快速调整那些小的、灵活的东西，用小组织、小团队去快速应对变化，这些小团队它没有包袱，只要认识到新的方向、新的趋势就可以马上转过去，而不变的是背后的供应和物流。所以，长期战略的基石和关键是要洞察到一个领域里不变的东西，如果你不能把握到不变的东西，还不断把资源砸进去，那是没办法做长期主义的。我认为，**洞察到不变的东西，这是做长期主义的第一个基点**。

长期主义的第二个基点是价值观。无论做企业，还是做其他事情，我们要时时回到本质上来，即，做一件事情必须遵循的价值观是什么？长期价值主义，所谓价值就是价值观，即最重要的，最核心的。比如说上海细胞治疗集团，做了细胞治疗这样一个产品，被资本界看好，估值节节攀升。因为细胞学是离解决癌症最近的医学领域，之所以有顾客愿意买它的业务，是看好它具有能够治疗癌症的潜力，它卖的是未来靠科学攻克癌症治疗难题的一种希望或可能性。这就是它的价值观，一定要跟客户说清楚：我能提供给你的是一种未来可能产生的价值，这个价值观传递给客户的是一个未来、一个希望。

这家企业事实上现在发现了很多业务点。比如存储细胞可以用于医疗美容，还可以把技术卖给医院为癌症患者家属做癌症预防或检查。所以这个市场需求也很大。

他们在考虑要不要往这两个市场走的时候，我就建议他们不要做。为什么？会冲撞企业的价值观。因为他们业务的价值观已经明确地告诉客户，所提供的价值是基于未来的意义或可能性，而医疗美容是基于短期的。另外，如果在病人家属里推广这个东西，在伦理上过不去——等于在给患者家属制造恐惧感。而且在具体推广的时候你管不住经销商，经销商为了销售可能会胡说八道，比如对细胞治疗的科学前景进行夸大宣传，这对企业的商业根基也是摧毁性的。所以我建议上海细胞治疗集团必须回到自己的核心价值主张上来思考业务。对一个有长远追求的企业来说，它长期主义的战略基点是不变的，这个基点就是企业应该守住的价值观。

三、所有的长期价值都是赋予过程以意义

短期与长期究竟怎么平衡？毕竟企业最大的难题是没有长期就没有未来，没有短期就活不下去，所以在企业里永远要解决的命题就是要在长期和短期之间取得平衡。

很多时候，企业为了抓短期利益，会以牺牲长期利益为代价；为了抓长期利益有时候又会牺牲短期利益。这两端如果解决不了、平衡不了，企业是活不下去的，所以企业要做出取舍。

如果做短期的时候需要以长期利益付出代价，以后要补回来；如果在长期规划里牺牲了当前的业务，短期目标也要在后续的管理中调整过来。这是企业必须要解决的，绕不过去，我们无法告诉你瞄准长期不要短期，也无法告诉你瞄准短期不要长期，这恰恰是企业要解决的难题。

> 在企业里永远要解决的命题就是要在长期和短期之间取得平衡。

追求长期目标还是追求短期目标，从我个人的理解，其实短期的目标本身对长期来说是一种过程，是一种阶段性的构成，也就是说做短期是做好长期的过程，因此短期跟长期并不是矛盾的。

为什么说做短期是做长期的一个过程？其实我们做人、做企业都是活在过程当中，所谓坚守长期主义，是企业注重结果更要注重过程。长期的结果是很无趣的，怎么说无趣呢？比如说人的生命，长期的结果无非就是死亡，它无趣，甚至灰暗。又比如做企业，有的企业家走到了顶峰，有江湖地位，也有亿万身价，你会发现也是无趣的，吃的还是那碗粥，啃的还是那个馒头，穿的还是一双布鞋……人真到了某个目标时，你会发现不过

如此。

所有的长期价值都是赋予过程以意义，因为过程充满意义，你才能调动出资源。如果你短期功利化，用单纯的利益杠杆牵引你的组织，是牵引不起来的，所以长期价值对短期的意义，就我的解读，是以长期的目标赋予短期意义，赋予过程意义。一定要用这个恒定的、长久的意义来贯穿你的组织。

2017 年我父母前后脚离世，同一年我自己做了一个手术，这时你真的发现，自己看到了死亡，你觉得结果是无趣的。只看到无趣的结果会让你觉得过程也没什么意义，每天做的事也毫无意义，如果你不为生命的过程赋予长期意义，整个过程会是无趣的。企业也是一样的。为什么我们有些企业做着做着会觉得辛苦？一些老板、高级管理人会觉得事业平淡，总想着从比较刺激的娱乐、竞技等活动里寻找自我，寻求生命的体验，为什么？尽管我跟他们的选择不一样，但是我很理解他们。

四、做长期最为现实的抓手就是重视管理

管理只有一项使命，即把长期谋划的事情转化为现实的活动，把平衡长、短期这样复杂的难题，在现实当中用可执行的方式建构起来，阶段性地固化下来。

我们谈建能力，建能力从本质上要换成基层的动作，不把这个动作完成转换，这个过程当中如果不去管理，能力是出不来的。比如说我们要提升我们的体能，要减肥，你发现很多人都有这个长期目标，但你的体重管理一定是转化为每一天的运动量的，这个运动量是通过管理来解决的。如果没有到位的管理，你的习惯会把你计划好的运动 pass 掉的，减肥的长期目标就成了一句空话。**组织要建能力，这正是管理的意义。管理是逆人性的，它的实施途径就是把现实置于一种不舒适的状态，建立起能力。**📖

▶ 圆桌

管理很变态，长期主义也是"变态"

彭剑锋： 前面夏老师讲，"管理学是一门很变态的学科"，这句话可以写出一篇很好的文章。它为什么很变态呢？为什么这些老咨询师会这样理解管理呢？因为管理既有定式又无定式；既有招又无招。

所谓有定式，是说管理也有其内在规律；所谓无定式是说一个企业一个样。管理既有招又无招，既有形又无形。再一个，它场景很复杂、很个性化、很变态，就像下一盘永远下不完的棋，它没有止境的，管理无止境，所以很折磨人。

为什么说管理很变态？

第一，企业家是变态的，唯有偏执狂才能成功，不变态，不成功。安迪·格鲁夫就为这一句话写了一本书《只有偏执狂才能生存》，人类历史上所有的政治家、企业家全是变态的，没有一个不变态（当然这个"变态"并非贬义）。这是从企业家层面来讲。

第二，从操作层面来讲，管理学是一个悖论，是一个灰度。所有的东西本质上都存在着一种悖论，没有绝对的真理，所谓悖论就是它是黑白之间，是灰度，灰度就是一种变态。企业家是变态的、偏执狂的，管理是灰度的，这不也是变态的？管理是一盘永远下不完的棋，这不也是变态吗？

变态的管理，它既要积累又要创新；它是悖论，是灰度。既要长期又要短期，既要积累又要创新，既要创新又要守恒，它全是悖论，全是不二法则。再一个就是折磨人，管理把人折磨成变态，"工匠精神"不就是让人变态吗？

夏老师说长期主义是"认真、坚持、做透"，谁能做到这六个字就变态了，因为一般人做不到。所以凡是成功的企业家全是变态的，没有一个不变态的。任正非70多岁了，每天还在喊要自我批判、要有忧患意识；张瑞敏也70多岁了，生活极其简单，像不食人间烟火般，在管理创新上却不折不挠的探索，每天就是读书，他把一个事做到极致了，这就是变态。

灰度是变态，偏执也是变态。做产品做到极致就是变态，叫作变态的产品。做领导的，掌握好灰度就是变态，那么难的平衡你要把握好，别人看不到的度你要掌握，这不是变态吗？我们期望一个优秀领导者做到的这些，都不是平常人能做到的，都是跟人性的自然趋势拧着的，是反其道而行之，所以我说杰出的领导力也是变态之为。

夏惊鸣：“杀人如麻、爱财如命”是变态，“奋斗不止”也是变态。

彭剑锋：用制度“杀人”也是变态。人家追求生活平衡，你要奋斗不止，到了 90 岁还奋斗也是变态，任正非对事业的执着就是变态。

苗兆光：不变态无管理、不偏执无长期。

彭剑锋：这个提炼很好。不偏执无长期。什么叫长期主义？愿意牺牲短期为长期去奋斗就是执着、偏执吗？

尚艳玲：我理解，老师们说的“变态”是指一种超乎于一般的追求和行动。因为不同于一般，所以不一般。

彭剑锋：赋予“变态”新的时代含义。变态就是执着、坚持、长期价值主义，变态就是灰度，把握住度，不变态无管理，不变态没有领导力。“忽悠”和做实事相结合，虚实结合，管理就是不断地折腾，打破平衡去寻求不平衡，在不平衡中寻求平衡，这不就是变态吗？变革不就是变态吗？打破常规不就是变态吗？但同时又要守恒，又要积累。

要成为伟人就要“变态”，据我观察，了不起的伟人还往往是双面人，从性格到作为，跟寻常人大为不同。我归纳伟大的企业都是“有情怀、懂江湖、通人性”的。但情怀、江湖、人性这三者有时候会产生很多的冲突，跟你原有的价值观产生冲突。为什么有些管理学者做不成企业家？就是本质上不愿意去搞江湖，或者懂专业不懂人性。能把这三者平衡好而后成事的，就是一种“变态”。

战略成长

CHINA STONE ▶▶

企业进化起点的高低不是问题，也就是说，不是说小企业就不用进化，关键是要"动起来"，进入一种进化状态，就是不断实现自我进步，不断超越竞争者。

——施炜

 ▶ 访谈

施炜：如果只读一章书，
那就读《企业进化》的最后一章吧
——文化及领导是企业能否进化的决定因素

■ 作者｜尚艳玲 《华夏基石管理评论》主编，企业文化咨询与研究顾问

成长与进化

尚艳玲：施老师好！拿到您的新作《企业进化：长期战略地图》后，首先吸引我的是这本书的定位，"讲述中国企业生存和发展的故事，回答如何从机会型成长转向能力型成长，揭示企业进化的关键因素和路径"，可不可以这样理解，进化是企业成长的一种方式？那为什么不用"成长"而用"进化"？

施炜："进化"是中国企业在应对环境变化并且有志成为百年企业的一种成长方式。那为什么要谈"进化"，而不是"成长"呢？简单说是从"时间长度"和"环境变化"两个维度来看企业的成长状态。把时间轴拉长一些会看到，企业在较短的时间内可以快速成长，但未必开始了"进化"，但企业不"进化"

就不可能持续成长。"进化"是基于"长期"，这就意味着企业的进化成长永无止境。这是第一。第二，从环境变化的角度来看，成长是企业这个生命体与环境的互动，是持续不断地选择，是机能变化、适者生存的演进，也就是说，企业所有的进化活动、行为和干预，均有面向未来的、长远的意义。

当然，这里谈的"进化"，是一种类比，而且是从单"个"企业的角度来谈"进化"，不能与生物学种群进化等同起来。

尚艳玲：用"进化"一词来解释企业的成长，把企业视为一个生命体，那它与生物学的进化到底有哪些同与不同，"企业进化"具体包含哪些含义？

施炜：第一，企业的进化不是随机性质的，而是有目的地选择成长方向。

因为企业是目的性复杂系统，具有特定的功能、意义和价值属性。

第二，生物物种的进化是"缓慢""被动"，更多依赖自然的选择，企业的进化不是，企业的进化是主动依据环境变化进行调适的过程：发展特有能力，保持和提升组织活力。

第三，与生物界一样，企业也有复制基因、扩大规模及范围的内在冲动，但复制时往往会出现或大或小的变化，企业的分支机构也有可能发生变异，并且有可能引发重大的整体变化。

第四，企业在进化过程中，会发生多次甚至是无限次迭代，因此需要遵循长期主义，对每次迭代发出指令、进行干预，在不确定环境中寻求确定性选择。

第五，企业进化起点的高低不是问题，也就是说，不是说小企业就不用进化，关键是要"动起来"，进入一种进化状态，就是不断实现自我进步，不断超越竞争者。就像一个人说自己读书少，读书少没关系，开始读就可以了，如果总在说读书少却总不读，那就不是进化了对不对？

第六，与生物的缓慢演进一样，企业的进化也不可能一蹴而就，也不是均速前进，而是根据环境变化的速度时快时慢，当微小的进化累积到一定程度时，企业生命体有可能发生基因突变。

企业进化的起点——顾客价值

尚艳玲：您刚才谈到，企业是一个复杂性目的系统，进化是企业有目的性的主动选择，而不是听凭"造物主"的安排，那么企业选择进化成长，从哪里开始呢？

施炜：我认为企业的进化，起点是企业作为一个系统的输出端的进化，就是你为顾客提供价值的进化。从这个角度，我提出一个概念叫顾客价值的增量，企业进化的起点是顾客价值的增量，这个增量是动态变化的。

为什么强调从增量作为起点呢？中国所有的企业实际上都存在一个价值基础，否则的话它就不存在。做得再烂的企业，它总有一个价值基础。只要有这个基础，就存在顾客价值的增量，就存在改进的空间。

> 企业进化的基本方式，可以界定为：不断设定并实现顾客价值增量，即顾客价值迭代。

增量是动态的，连续的增量就是动态变化。企业要不断地设定增量，这个增量适合任何企业，它有一个起点，只要开始有了增量，它的进化就开始了，一旦开始且不会停止，前途就无量了。

所以，企业进化的基本方式，可以界定为：不断设定并实现顾客价值增量，即顾客价值迭代。这是企业进化的基本方式。

举一些例子，比如飞机的外壳材料越做越轻，原来每平方米可能需要 50 公斤材料，现在每平方米只需要 30 公斤的材料，那减掉的 20 公斤就是一个增量、就是改进的空间。再比如衬衣，衬衣上有一个全棉的纱支数，一开始穿的是 80 支纱，逐渐到 100 支纱，再到 200 支纱。从 100 支纱到 200 支纱，增量就是 100 支纱。国外还有一种咖啡是对抗星巴克这种快咖啡的，因为他觉得快咖啡是对咖啡的不尊重，就搞了另一种咖啡的制作方式，需要时间长一点，这个加长的时间就是价值增量。

我在书中写了好多条价值增量的例子，大家可以参考。需要说明的是，有些增量可以量化，有些则不能量化。

尚艳玲：但企业进化并不是像一棵树一样不被打扰地安静生长，它是在竞争环境中的生长，它的进化一定会受到外力干扰的，它还有可能要去和别的企业抢夺生长空间，这时候怎么办？

施炜：这是个好问题。企业进化的时候不是本身孤立的进化，它有竞争对手在旁边。所以企业必须找到在竞争中超越对手的方法，这就是战术。战术就是竞争中的取胜之道，是战略的展开和商业模式的具体化。这里战术实际上是一种策略，并没有讲士兵的素质，那是放在人力资源里讲的。

我这本书里列了八种类型的战术，全部是对我们过往的中国优秀企业实际做法的总结。这本书的封面上还有一句重要的提示：讲述中国企业生存和发展的故事。这本书可以看作一个实践派的管理学者对中国改革开放 40 多年来中国优秀企业的一个致敬。

企业进化的牵引与约束力量：企业文化

尚艳玲：我知道施老师您的著作是来自您对 200 多家中国上市企业的观察、多年咨询和研究的积淀，是您一个字一个字手写出来的，可谓良心之作，但现在对于很多企业界的人士来说，潜心读一本书可能是个奢望，假如只读《企业进化》其中的一章，您会推荐读哪一章？为什么？

施炜：如果只推荐一章的话，那就读最后一章，组织文化及领导。为什么？我们讲企业的进化是一个长期的过程，必须要有方向的牵引。牵引的方向是由文化所决定的，由价值观所决定的，价值观是进化方向的一个牵引。同时，价值观对企业进化又构成了一个根本性的、基础性的约束，这个非常重要。因为一个组织的进化，无论是进化的方向，还是进化的方式、路径，它应该是有约束的，约束和牵引实际上是一体化的。许多组织的原则和价值理念从一个角度来看是牵引，从另一个角度看却是约束。所以企业文化给组织的进化提供了一些基本的边界。

企业进化是需要边界的。从组织伦理角度来看，进化一定是向善的方向去进化，不能向恶的方向去进化。从进化的方式来看，要按照效率原则，受到科学规律的约束。

尚艳玲：企业文化具体是怎样约束和牵引企业的进化呢？

施炜：我提出了两个概念。

第一，"天理"。所谓"天理"就是企业必须遵循的、源于企业外部的一些刚性的原则，也就是不可违背的。企业如果不按照经营的"天理"走，可能会走向灭亡。

那企业的"天理"是什么呢？在我看来主要就是两点：一是顾客价值。我们讲商业组织的伦理不是讲政治伦理，我们讲的是企业伦理，就是顾客价值。二是客观规律。一方面是被实践已经证明的规律，就像地球是有重力的。另一方面，虽然实践没有证明，但是依据逻辑、经验可以推导出来的那些规律也是不能违背的。面对不确定性的时候，人类并不是完全束手无策的，实际上我们已经有一些方法、模型，或者说有一些算法，在逻辑上是没有问题的，它是有确定性的。客观规律也具有公理性质。

第二，"人道"。这里说的"人道"不是"人道主义"的人道，而是千百年来沉淀下来的人类社会赖以生存的基本伦理和道德。企业要去激发人，管理者要处理与人的关系，组织的进化和发展肯定要遵循人的基本伦理，比如说平等、尊重、关爱等。无论是哪个文化都是强调这些基本价值观的。

企业在进化过程中，经常会发生重大的环境变化，面对突如其来的突变，甚至可能是影响深远的巨变，企业实际上是没有办法预先做充足准备的，这个时候我们的应变只能是按照基本原则。另外，当环境发生巨变时，企业要在文化上作出选择。这个非常重要。也就是说，如果文化一旦选择错了，进化就终止了、就灭亡了。从人类社会的兴衰成败来看尤其明显，关键时候，价值观一旦选择错了，基本上就是灭顶之灾，万劫不复。

对组织来说，关键的时候要做出文化选择，进化的核心就变成了文化选择。换句话说，环境变化时企业只有靠文化选择才能够实现进化。**文化选择是进化中最重要的动作、最重要的步骤、最重要的变量。**

尚艳玲：除了应对外部环境的变化之外，企业在进化过程中要重视文化，是不是也出于组织内部的需求，比如鼓励竞争与平衡竞争的需求？

施炜：可以这么说。企业根本上是个利益共同体，企业文化为组织内部的人和人之间的相互交往制订了基本的规则，而且它还可以减少组织内部的冲突。因为人本身就带有动物性，企业组织又是竞争性的组织，外部竞争的压力会引发内部的冲突。组织内部如果没有一些好的游戏规则的话，冲突可能会变得不可抑制，甚至自相残杀、零和博弈。生物学家发现，种群中，尤其是智能种群中比较和平友好地实现新老交替的，不是说没有斗争，但不是那么惨烈，种群就能发展。凡是那种内部斗争异常激烈、残忍的，种群就易于毁灭。

尚艳玲：那么在一个进化型的组织里，最核心的价值主张应该是怎样的？是哪个关键词？

施炜：如果只能用一个词的话，我认为应该是"关爱"，包括对顾客的关爱、对社会的关爱、对组织成员的关爱。它是理性和情感的交融，内在的逻辑就是"法理不外人情"。但这个关爱并不是不讲原则的庸俗之爱，也不是不讲大局的狭隘之爱，更不是纵容姑息，而是体现为一种使命感下的理性之爱：对内部而言，讲组织规则及文化的动态适应性；对外部而言，是对全社会乃至全人类的大仁大义大爱。以爱为旗、爱意浓厚的企业，在进化的漫长、艰辛过程中，最有可能成为优胜者。

进化型领导：企业进化的决定性变量

尚艳玲：您说到企业文化是企业进化的牵引力、约束力，那么企业家在企业进化中扮演了什么样的角色？进化型的企业需要什么样的领导？

施炜：我提出了一个新概念：进化型领导。进化型领导通俗地说就是能够带领组织进化的人。企业领导人是企业里面的决定性因素，他们本身的行为就决定着这个组织能够走多远，能够变多大，能够变成多强。进化型的领导，我们在书中讲有几个特点。

文化选择是进化中最重要的动作、最重要的步骤、最重要的变量。

第一，要有使命的追求。因为企业的进化千辛万苦，作为带头人如果没有使命追求，不可能使这个组织在面临环境的变化时能一步步脱胎换骨地成长，不可能的。

第二，有战略思维。要有长远的眼光，要能制订正确的战略目标，还要有实现目标的途径和方法。为什么讲战术？战术就是实现目标的方法。

第三，有把事情做成的能力，而不是简简单单的行动力。比如说一个人出去买一个东西，他可能很努力，他冒着烈日跑好几条街，但是他买的东西是错的，或者买的不好，实际上就没把这个事做成。这就是实践智慧。

第四，有平常型人格。这是进化型领导的一个特质。也算是一个领导力素质模型的创新之处。进化型领导拥有平常型人格，是平平常常的人。过去传统的领导都是高高在上的，权力型的、英雄型、圣人型的，这些都不是进化型的领导。进化型的领导运用价值观引导团队，让团队里所有组织成员都能够成长起来，是成就别人的领导。只有成就别人，才能让这个"族群"发展。你自己很厉害，能直立行走，但族群里的成员一个都不能直立行走，那最后你自己一个人也得"灭亡"。也就是说要追求群体共同进化。

我特别强调只有平常型人格才有平常心，只有平常心才能融入团队。平常心也意味着比较谦逊，他不认为自己高人一等。这个是关键。

尚艳玲：平常型人格与无为而治，是一回事儿吗？

施炜：平常人格和无为而治有交集。无为而治是一种行为和方法特征。平易近人是一种领导者特质，不能完全说是无为而治。可能是无为而治，也可能充分作为，但他的充分作为一定是不妨碍别人成长，或者说他的作为就是致力于别人成长。比如说致力于辅导、赋能，而无为而治就是没有什么太多动作。一个组织如果完全没有领导动作，它也会有自发"堕落"倾向的。◨

人才管理与干部辈出新思维
——跨越系统成长的人才之坎

■ 作者 | 陈明

编 前

　　陈明老师在《从十亿级到百亿级——闯过四大关口实现跃迁式成长》（见《华夏基石管理评论》总第55辑32页）这篇文章里，谈到了企业在从机会成长向系统性成长的路上，跨越"人才之坎"的关键在于培养后备人才队伍，抓好人才布局，实现干部辈出，发现准企业家人才，通过机制创新的力量，实现"一流的人才，一流的业绩和一流的回报"。本篇文章，陈明老师通过大量实践案例，详细讲解了如何以成长视角重新界定企业的人才管理、干部管理。

陈明
华夏基石集团副总裁
华夏基石产业服务集团创始合伙人

一、立足人才管理新假设，把人才管理做实

　　数字时代，我们可能需要重新去了解人才管理的背景及假设系统发生了哪些深刻的变化，通过认清新现实从而构建新思路，找到新方法，有效促进人才管理的效能。本文的观点未必都对，但希望提供一种观察思考的视角，与业内人士共商讨。

（一）人才管理新假设

1. 人才选择的是机会

人才选择的是机会。这里所说的机会有三层含义。

第一，成长的空间大不大。从宏观的产业发展史来看，判断一个产业"没落"与否的风向标就是行业的人才动向——流出多还是流进多？如果人才大批地流出，这个行业的前景自然就堪忧了。

第二，企业发展的目标与他有没有关系。真诚相信自己勾画的愿景，并为之奋斗的企业家是能感染人的，但更重要的是，企业追求远大使命必须能被人才真切地感受到。

什么叫被人才真切地感受到？就是说，企业的使命必须转化成系列的阶段性目标，企业必须坚定不移为未来的目标配置资源。这些目标虽然有时显得大胆，但基本上都能实现。这些目标的实现必须和人才有关系，一个个主要目标的实现对人才的鼓舞是很大的，所谓"蒸蒸日上，士气如虹"。苦一点大家都觉得无所谓，因为有希望。企业发展必须和人才有关，让人才享受到发展的"红利"。

第三，人才很关心他们自己的机会，以及机会的边际效益。有什么样的机会？如果借此机会做出了什么样的成绩，他将如何？这些规则必须尽可能清晰透明，并且事先约定。真正的人才选择的是企业、平台，他主要思考的是在这个平台上自己能不能发挥作用，创造价值，做成一点事情。这就是所谓的成就导向。当然，成就导向最终还是建立在物质激励的基础上，贡献与回报要相称。

只有企业发展了，机会才会更多，上升通道也更多。这可能是理解机会牵引人才的关键。追求一定规模增长，使组织有张力，引导大家努力面向市场，开疆拓土，打粮食，增长土壤肥力。如果企业不追求规模增长，实际是引导大家努力向内，各种"摩擦"肯定增多，"内耗"肯定增多，公司文化也不会好到哪里去，都是"闲"惹的祸。大家忙起来就没有时间抱怨了。

"机会牵引人才，人才牵引技术，技术牵引产品，产品带来更大的机会。"其实这个理念华为在 1998 年制订的《华为基本法》里就明确提出过。理念不在乎新旧，关键要做到。

2. "要么卓越，要么平庸"，人才的头部效应

知识经济时代，知识成为创造财富的重要资源。知识本身没有高低之分，但掌握知识的人才却有高低之别，并且两极分化日趋明显，在企业界甚至流传着这样一种说法，即人才"要么卓越，

要么平庸，没有中间的道路可走"。

软件产业有一个非正式统计数据：99% 用户体验好的软件主要是 5% 的"牛人"编写的。"直播带货"领域也加剧了这种"头部效应"，据说，2020 年上半年，某位"网红"直播带货量甚至抵得上一个义乌所有的直播带货销量。

行业的 TOP 级人才效应也很明显。一个企业要想在某行业做到"一骑绝尘"，越来越取决于这个企业能有多少 TOP 级人才为你所用。大组织通过"垄断"行业杰出人才来"碾压"小组织。

"要么卓越，要么平庸"的人才假设，将给人才学习成长、人才的管理策略、人才的激励与约束带来新的挑战。比如，如何成为杰出人才？如何通过事业合伙人来"绑定"人才？激励政策也要逐步优化匹配到"贡献和回报相称"。

（二）人才管理的"四化"原则

1. 人才管理营销化——企业不是在招聘，而是出售"职位"及其发展前景

进入数字时代，从过去资本雇佣劳动，到现代的资本和知识双轮驱动，人才管理所面临的现实发生了根本性的变化。人才管理的思路也要发生根本变化。

从经典的企业理论来看，企业的根本是创造客户。但知识经济时代，企业创造客户的同时，也要"创造人"，使人成长，使人成为"资本"去"增值"。

企业必须从顶层上考虑，**我们在人才市场出售的是"职位"，为此要有营销思路**。我们要深入研究人才市场上人才的特点和需求，"职位"的设计要符合"客户"——人才的需求，并且找到人才市场在哪里，如何抵达客户。例如，现在很多企业几乎都把校园招聘看作一个重大的"营销活动"。

要做到人才管理营销化，先要从观念上做出改变。比如，过去讲"招聘"，这个说法的背后还是以企业为中心，而现在是"找人"，企业要主动，围绕人才转，为凤筑巢。老板是首席找人官；企业必须到人才"富集"的地方去找人。业内有些传说，竞争对手楼下的咖啡馆就是猎头上班的地点。

企业事先要把机会、成长和回报的规则说清楚。数字时代更要求企业家的"忽悠"能力、讲故事的能力，就是用愿景来凝聚人、激励人。这是一种最高境界的营销。当然，前提是老板自己真正相信这个"故事"，否则就是真忽悠了。老板及其愿景必须自带"光环"，自带"高能量"。

2. 人才管理场景化——把人才放到业务场景中，与任务结合起来动态调整

从根本上讲，人才管理能创造价值，其关键就是精准匹配。所谓匹配，指的是人与事、人与岗的匹配，也就是人才要与任务、目标等场景匹配起来。现在的市场、客户、渠道、技术、竞争格局、政策等变化都非常快，企业必须快速调整迭代以期能适应变化。这就意味着决策必须建立在快速吸收和加工更多信息的基础上。过去外部变化相对比较缓慢，把岗位作为一个合适的颗粒度来管理是行之有效的。

但进入数字时代，变化进入加速度状态。人才必须和具体场景匹配起来，人才成长必须以胜任基于未来场景的工作为目标。当然，这并不代表传统任职资格、素质模型等不重要，它们是基础，但人才管理必须有所超越，让人才和场景结合起来，进一步分层分类，这样才有可能精准匹配。

▶ 案例

基于业务场景的人才动态管理

业务 0~0.1 的阶段，即业务处于探索期。其关键在于人力资源的质量，而不在于数量。这时期的人才必须具有企业家精神，可能是组织中最为优秀的人才，并且得到验证，是能干成事的，赢得了组织的信任。企业如果没有这种人才的话，创始老板必须冲出来亲自抓战略新兴业务。

业务 0.1~1 阶段，即业务处于打磨期。它是一种收敛状态，逐步收窄聚焦，正在全面跑通这个业务。此时用的人才，必须具备组建团队的能力。有时候攻坚克难；有时候扭亏为盈，提升队伍士气；有时候转型升级；有时候就是守住"上甘岭"……

3. 人才管理合伙化——数字时代的人才机制创新

对于事业合伙人，企业界里现在有两个误区：一是把事业合伙人简单等同于股权激励、利益分配、资源整合等；二是把事业合伙人当"万能神药"，认为"一喝就灵"。基于这两种思路去实现所谓的合伙制的，效果基本无望。

我们华夏基石谈的事业合伙人，先有事业，然后才有合伙人。事业谈不明白，建立合伙人目的就不清楚。合伙人只是一个机制，与人、事业有关系，只有机制并不能解决事业发展的问题。类比一下，给汽车加满油车子不一定就能跑起来，影响车子行驶的不止一项。

我们认为，事业合伙人机制的设计应建立在以下几个原则上：

(1) **增量分享原则**。无增量不分享。必须把事业发展、业绩增长与合伙人制有机融合在一起。从顶层上思考如何承载事业发展目标，这个目标落实下来的载体和形态是什么。所谓"向前看，往回推"。"**向前看**"就是目标牵引，"**往回推**"就是倒逼法。

(2) **面向未来原则**。合伙人是面向未来、激励未来、中长期导向的。而非简单的股权分配。分配更多是分存量，指向过去，有点"秋后算账"的味道。实现短期利益更适合用奖金等方式给予激励。能给公司带来长期价值的偏向于用股权期权激励方式。

(3) **分层分类原则**。所谓分层分类，就是在哪里贡献就在哪里获益，有点"分灶吃饭"的意思，这也是一种贡献和回报的相对精准的匹配。避免大锅饭、"搭便车"等现象。

(4) **动态调整原则**。这种机制驱动人才持续奋斗。"股权板结"会造成后来的人与先来的人之间的不公平，后来的人给先来的人打工。动态调整机制能很好地解决这个问题，体现持续奋斗原则——一旦不做贡献或少做贡献了，股权比例就可能会被调整。

(5) **分利不分权原则**。这一点在实践中很重要。一旦合伙人都以股东自居，凡事都要搞一个民主讨论或投票表决，或者都要求有决策治理权，这对经营企业来说就是一个"灾难"。所谓分利不分权，指利益分配与权力分配不对等。利益分配讲究公平性，权力分配讲究合法性。

(6) **适时退出原则**。合伙之前，先想好散伙。很多企业做合伙人制度的时候，没有事先讲清楚哪些情况下需要退出、如何退出，后续会带来很大的麻烦。设计事业合伙人机制的时候，必须包含适时退出机制。

> 动态调整机制能很好地解决这个问题，体现持续奋斗原则——一旦不做贡献或少做贡献了，股权比例就可能会被调整。

总结而言，事业合伙人的识别和选择是影响机制有效运转的关键因素。

4. 人才管理透明化

人才有效组织起来，就要激活个人创造力，然后把每个人的贡献协同起来，聚焦到为客户创造价值。数字时代的创富密码是可衡量和放大的。如果每个人的贡献都能"看得见"，然后基于贡献分配报酬。大家需要讨论的就是分配透明规则。这个评价分配过程几乎杜绝人为干扰。这可能是对人的最大激励。

字节跳动公司就是通过信息技术把员工工作软件化了，每个岗位从哪些渠道获取信息、获取何种形式的信息，以及这个岗位需要向哪些输出和以什么形式输出，都是清晰的。这样整个管理都比较透明，工作效能基本上一目了然，甚至不需要上级来评判。你的命运你做主，无须"讨好"上级，把你的精力放在工作上即可。这离"Z时代人"（20世纪90年代中叶至2010年前出生的人，即"95后"）的理想人生——简单而彰显自我，似乎更进一步了。

数字时代，越来越多的企业对信息化投入越来越大，这也是适应趋势的需要。未来哪个企业越能透明化管理，可能就越能吸引人才，对人才的激励就越大。

（三）人才管理新原则：聚焦主航道，持续"做功"

1. 人才激励"二五法则"

在知识经济时代，员工数量多不一定带来质量的变化。所谓"三个臭皮匠顶不上一个诸葛亮"。中国很多企业深受华为公司的影响，普遍倡导和践行奋斗者文化。实际上，每个企业的超级奋斗者基本占比都是不足20%。一个企业真正创造价值是靠这些超级奋斗者，公司的激励资源都要向超级奋斗者倾斜。激励政策的合理结构应该是"二五"法则，也就是20%的超级奋斗者应该分配50%的奖金。这样组织才有张力，才有活力。只有拉开档次才能产生动力。很多互联网企业比较崇尚"以二为本"，实际上激励也是围绕20%的超级奋斗者倾斜。通过超级奋斗者的群体奋斗，

带动组织"滚滚向前"。

2. 人才的约束原则

知识经济时代，"才华横溢"未必受到企业的特别推崇。一个企业中人才要受到一定"约束"。这个约束体现在四个方面：一是你的努力必须聚焦到主航道，不能随心所欲。二是知识必须和目标任务结合起来才能创造价值。知识本身并不创造价值，知识受任务牵引，围绕着客户创造价值。三是你的精深专业知识必须被集成，更需要团队合作。以团队或项目的方式展开工作，其实对人才的要求不是降低了，而是提高了。每个人自我约束自我管理的能力必须很强。四是知识本身没有高低贵贱之分，但有程度"深浅"之分。要想在专业上"出人头地"，必须功夫下得深，其实这也是一种"约束"。没有随随便便的成功。

组织里面，人才的才华不能"横溢"，到处"流淌"，必须在一定约束下对准一个目标或主航道"做功"。

3. 人才成长的"紧迫感"

现在很多企业倡导"奋斗"文化，其实质也是一种"紧迫感"文化。如何操作才能营造人才成长的紧迫感？从时间维度。天下武功唯快不破。市场响应速度快、产品/服务迭代快、改善快等。"快"就能产生一种紧迫感。从比较的维度。与标杆进行对标，并找出改善的

办法，你的追赶要快，你的进步要比标杆快。

从危机的维度。始终坚持"活下来"是第一战略。始终战战兢兢，始终如履薄冰。从"活下来"到"活得好一点"，再到"活得久一点"。应对危机的这根弦始终要紧绷着。要在晴天修瓦，在日子好过的时候进行变革。

从自身的角度。数字时代信息泛滥，知识更新得很快，成为专业人才难度加大，想成为专业人才必须与时俱进。

4. 人才密度战略

以小米、美团为代表的新生代企业成长比较快，除了巨大产业机会来临之外，即俗称"风口来了，赛道足够宽"，以及市场具有网络效应等因素以外，还有一个重要的因素就是人才密度。

如何实现人才密度？大势市场来临的时候，企业要敢于多招人。人才必须适度"冗余"；人才密度提高必须先从高层"大脑袋"开始，要把顶层几个"大脑袋"配齐了，打造一个真正的"班子"。

二、有效的干部管理：良将如云、能人辈出

干部本身不是核心竞争力，干部的有效管理才是企业的核心竞争力。这是笔者的一个核心观点。优秀的企业往往良将如云、能人辈出，怎么做到的？

（一）好干部从哪里来——以华为和美的为例

1. 美的的干部是"分拆"出来的，是竞争激励出来的

（1）事业部制催生人才快速成长

通过企业的组织结构就能看出这个企业能不能出干部。美的之所以能出干部，首先是因为它把事业部制执行得特别好。

事业部制可以锻炼人的大局观、全局观，当什么东西都要由你一个人来搞定时，就会成长得比较快。第二，当时美的人才稍微有点儿"冗余"，人才池子比较大，如果这个人干不好就下去，让另一个人上来干。

美的就是通过事业部的分拆，把业务不断分拆出去，促使一大批年轻人快速成长，做到了能人辈出，在实战中培养了一批能独当一面的干部，这些干部又可以去占领新的市场区域、带新的年轻人……这就是我们说的干部"裂变"。

我们从中得到的另一个启示是：企业一定要大量任用年轻人。

（2）美的筛选干部的三个机制：高授权、高绩效、高回报

美的如何筛选干部呢？主要有三种方法。

一是高授权。美的的授权机制是最完整的，也是最彻底的。例如业务员发现竞争对手调整价格了，在短时间内，

业务人员有权力自己决定应对的策略。高授权的背后也不是完全没有内控，何享健就比较喜欢"暗访"——跟基层的员工聊天，悄悄去商场柜台查看。

二是高绩效。很多企业如果干部没有冗余就会去迁就干部，担心把干部批评得太狠，就没人干活了。因此，干部一定要适度冗余。美的搞变革比较容易就是有人才冗余，旁边年轻干部都在"虎视眈眈"地等着，一旦你不努力就有人顶替掉你。

三是高回报。华夏基石根据对企业的了解总结了一个规律：百亿级的企业，高管基本上都是百万年薪；千亿级的企业，高管基本上都是千万年薪；万亿级的企业，高管基本上都是过亿年薪。如果做不到这个水准，偶尔可以降准以待，但大多数时候还是"一分钱一分货"，企业如果钱给不到位，想要人才去持续奋斗很难！

2. 华为的干部是打出来的、是"三高"压出来的

华为的干部是打出来的，强调"猛将必发于卒伍，宰相必取于州郡"。华为的干部选拔实行"三优先"原则：一是优先从成功团队中选拔干部；二是优先从主攻战场、一线和艰苦地区选拔干部；三是优先从影响公司长远发展的关键事件中考察和选拔干部。

华为以奋斗者为本的"三高"机制——高绩效、高回报、高压力。一是高绩效。华为的员工在工作中玩命，在市场上拼命，这是业界对华为人普遍的感知。上了华为这条"贼船"，就四海为家，客户需求在哪儿，就像索马里海盗一样毫不犹豫地扑向哪儿！这是华为员工的自我认知。华为靠什么让知识分子冲锋不止、奋斗不息？是以奋斗者为本的文化价值导向，通过高绩效、高回报、高压力这"三高"机制，驱动知识型员工有动力干，有压力拼命干、持续干，不断创造高绩效，不断创造企业成长的奇迹。

二是高回报。对知识分子要提倡艰苦奋斗，但华为从来不空谈艰苦奋斗，华为的薪酬分配机制使贡献者定当得到合理回报，"绝不让雷锋吃亏"，只要员工创造了高绩效，就会有高回报。华为做到了不断兑现承诺，任正非不断给员工画的"大饼"，最后都变成了现实。华为通过建立客观公正的评价体系使员工绩效转化成回报：高工资、高分红、高奖金，使员工真正去共创、共享公司的价值，从而驱动员工不断创造高绩效。一方面让员工的高投入换来高回报，另一方面高压力又杜绝了员工的惰怠。

三是高压力。华为的高压力就是制订挑战性的目标，因为怕干部懈怠，折腾干部，不折腾员工。一旦干部干出来之后就会拿到高工资、高分红、高奖金，形成正循环。这种高压力体现在干部能上能下、工作能左能右、人员能进能出、待遇能升能降上。

> 干部分基层、中层和高层三层，分别负责管理团队、管理部门、管理公司和管理集团。

（二）干部管理的三种新思维

1. 从岗位要求到场景要求

一是根据业务场景和团队工作场景招聘干部。举个例子，上海一家上市公司要招高管，他们问我应该招什么样的人，我告诉他们要招和他们气质相异的人。为什么？这个老板是工科出身，做事情周密、细心、严谨；另一个核心高管是做投资银行出身的，算账特别狠。所以，新招的高管应该"粗"一点。如果核心团队都是缜密型的人，组织肯定是收敛的，只有过去的东西才能算得清楚，未来的东西谁也算不清楚，真理往往掌握在少数人手里，没有必要算得那么细。

二是从"做事用人"到"用人做事"。这也是一种场景。企业的业务在 0 ~ 1 的时候要用创始人或者能力得到证明的人，又或是具有企业家精神的人来做，建团队；在 1 ~ 10 的时候，建组织；在 10 ~ N 的时候，建文化。0 ~ 1 的阶段，让职业经理人来做是不行的，职业经理人的思维是"有多少米包多少粽子"，而企业家在面对机会时，会最大限度使用资源，甚至超越资源限制奋力拼搏，没条件创造条件也要上。

企业要想做大一定要学会"用人做事"，而不是停留在"做事用人"上。"做事用人"和"用人做事"的区别在于：一个收敛，一个扩张；一个出业绩，一个出人；一个要把事情想清楚，一个要确定方向和目标；一个更多的时候用别人的"手"，一个更多的时候用别人的"脑"；一个脑子里琢磨的是事，一个脑子里琢磨的是人。

2. 干部激励机制："以 20% 的奋斗者为本"与"二五法则"

这是近两年我们提倡干部激励机制的新思维、新办法。

一是"以 20% 的奋斗者"为本。在企业小的时候，激励资源不丰富，钱也不多，一定要把超级奋斗者识别出来，激励机制向这部分人倾斜；二是"二五"法则，即 20% 业绩优秀的人，拿 50% 的奖金，组织就有张力了。

美的早年组织非常有张力，主要来源于比较薪酬。虽然基础员工工资不是特别高，但升到经理，工资就会翻倍；升到总监，工资就会翻 3 倍；升到事业部老总就会翻 5 倍或者 10 倍。很多企业组织为什么"死水一潭"？就是因为没有张力，战斗力就不行。尤其小企业，一定要"以 20% 的奋斗者"为本，这样组织才会有张力，否则什么事情都做不好。

3. 干部队伍建设新思路："边打仗边建军"

（1）内外部供应计划

尤其进入新产业，一定要关注行业里的顶级人才，用事业合伙人制网罗更多人才，这是速度最快的做法。现在是速度经济，速度大于规模，尤其产业相对成熟的时候，一定要有顶级人才。

有些产业刚刚兴起的时候没有成熟的人才，这时候主要看内部原有人才的加速成长能力，内部挖潜，找到有企业家特质的人。

（2）干部分层管理，角色转变与能力提升共举

干部分基层、中层和高层三层，分别负责管理团队、管理部门、管理公司和管理集团。每类能力标准一致，需要持续提升能力，而各类领导力标准不同，需要完成角色转变。领导力的能力提升与角色转变，共同称为干部能力发展。华夏基石提出"大鹏计划系列训战"就是针对很多企业这方面的需求，加速各层次干部的能力提升与角色转变。

人力资本

CHINA STONE ▶▶

人力资源服务从本质上来讲强调这个人在这个地方怎么用，把价值发挥出来就可以了，而人力资本服务强调的是怎么让这个人更好用、更有用处。

——杨伟国

人才有价：
人力资本服务产业驱动价值创造

——济南市人力资本服务产业创新实践

济南人力资本服务产业创新实践：五业共进·生态赋能

■ 作者｜张维国

两年前的今天，济南提出发展人力资本产业的想法。起初是问题导向：人才工作存在很多痛点、堵点、难点，无法体现对人才、知识、劳动、创造的尊重。人才作为生产生活中创造价值的核心要素，却无法对其本身的价值进行量化。基于人才价值的评估与量化，济南开始了在人力资本领域的实践探索。

一、济南人力资本产业发展的重要节点

现实生活中存在价值错位的现象，比如服务、贡献于社会的院士、教授等高层次人才，其收益无法与创造的价值相匹配。用创新性、科学性、合理性的评估方法，量化人的价值，成为解决这一问题的方法之一。所以济南从2018年8月23日开始探索人才身价评估的创新路径，让人才有身价，身价可量化。

2018年11月1日，济南高新（国际）人力资源服务产业园正式开园，并规划蝶变为人力资本产业园。

2019年1月11日，人才有价评估平台1.0上线。

2019年5月18日，召开为期两天的"中国·济南人力资本产业高端论坛"，众多专家、学者为推动人力资本产业的发展齐聚济南，智慧碰撞，交流思想，见证济南人力资本产业元年的开启、金融创新模式的落地和人才有价平台正式上线。

2019年11月6日，人力资本服务业被国家发改委列入《产业结构调整指导目录（2019年本）》。

2020年1月11日，召开全球首届"人力资源·人力资本服务业大会"，并分享汇报济南在人力资本服务业方面的实践。

2020年8月12日，通过线上线下结合的形式，召开"2020中国·济南人力资本产业高端论坛暨全球人力资本

产业中心推进大会"，分享汇报济南最新实践，坚定人力资本服务产业的发展。

二、济南人力资本产业"五业同进"

人力资本服务业的发展按照"五业同进"的思路推进，五业是指：事业、产业、企业、术业、创业。

（一）事业

人力资本价值作为产业发展的起点。2020年6月1日，山东自贸区济南片区出台《中国（山东）自由贸易试验区济南片区人力资本价值出资管理办法（试行）》，为人力资本价值出资注册企业奠定了坚实的基础，从法律意义上肯定了出资者具备的创造力、影响力、信用度可创造经济效益并通过评估确定的一种综合量化价值。通过两年的思索和探讨，人力资本价值在概念上等同于身价，基本定义是基于个人或者团队在过去、现在和未来三个时间维度的创造力、影响力和信用度的综合量化体现。

从事业角度而言，融合以人为主体的发展理念和思想。《共产党宣言》蕴含着"实现人的自由与全面发展"，习总书记在党的十九大报告中也提到"在人力资本服务等领域要培育新增长点"，这是在落实新发展理念和供给侧改革方面提出的要求。人作为产业发展的方向和主体，为产业发展提供支持，是济南发展人力资本的逻辑，并在人力资本服务领域培育新增长点上进行探索。

(1) 成立一家"四不像"事业单位——济南人力资本产业研究院，为人力资本产业的发展和生态的搭建提供理论支撑，推动人才评估定价更加科学、精准。打造全国人力资本产业公共服务平台，成立山东省人力资本产业创业投资有限公司和人才有价（山东）有限公司等不同的市场主体，将齐鲁知识产权交易中心纳入济南人力资本产业研究院运营体系，形成"政府主导、院所引领、企业运营"的发展新模式。

(2) 连续三年，每年济南市提供1000万元、高新区提供1500万元的资金支持。同时设立人力资本价值提升基金，为与产业生态相关的市场主体和创业者助力，共同打造产业生态。

(3) 围绕人才有价梳理垂直人才分类，包括学子有价、网红有价、工匠有价、城市有价等。

(4) 围绕人才价值评估的应用场景与金融结合，构建人才金融、人才保险、人才评估、人才大数据等闭环服务体系，打造人才IPO，并计划于2020年年底前运行，未来打造成为人才板，这是我们的愿景和目标。

(5) 山东省成立人才发展集团推动事业的发展，逐渐上升为市委、市政府的战略决策，并已经作出部署，出台相应的办法、政策。2020年6月，山东省把人力资本写入《山东省人才发展促进条例》；7月，济南市高新区的探索实践写入了省委全委会的决策文件，推广与国际接轨的人才评价机制，推广"人才有价"评价机制，建立协同金融创新服务体系，根据人才职业能力评价与诚信状况评价结果，在银行授信、保险担保等方面给予支持，规划建设全球人力资本产业中心。

(6) 以人才评估定价为基点，形成银行授信、保险担保、基金支持、政府补偿、配套参与的金融创新模式，2020年6月1日，李克强总理在山东烟台调研时明确提出"将人力资本作为授信额度担保的重要依据"。济南一年多的探索实践在一定程度上也得到了认可并落地应用。

从人力资本服务业写入国家《产业结构调整指导目录（2019年本）》，到《中国（山东）自由贸易试验区济南片区人力资本价值出资管理办法（试行）》的印发，再到金融创新模式众多案例的落地，均得益于上级各部门及相关单位给予的认可和支持。从国家到地方正在释放一个信号：发展人力资本产业是大势所趋。乘势而上，顺势而为，把济南落地的人力资本事业，推向全省、全国乃至"一带一路"和全球。

（二）产业

2019年11月6日，国务院和国家发改委同时公布了《产业结构调整指导目录（2019年本）》，其中人力资本相关内容都是济南高新区探索实践的总结，这一成功的阶段性成果标志着产业发展已正式起步。

基于身价测评，为人才赋能助力。身价是个人综合信用的量化，在市场经济的大形势下，人才有价体现的是人的信用价值。**通过身价测评，得出三个价值：**一是人的综合价值，基于人的创造力、影响力和信用度，在过去、现在和未来所创造的价值；二是岗位价值，根据现阶段的能力水平和过往经历，为岗位薪酬提供参考；三是金融价值，济南市探索创新的"四CAI模型"——"才"，即人拥有的能够进行创造性劳动的知识、能力、才能等；"彩"，即个人所获得的荣誉、称号等优异表现；"采"，即通过政府及平台数据采集的个人社保、公积金、消费等基本信息；"财"，即车、房、存款、债务等财务信息。通过"四CAI模型"，结合个人的创造力、信用度、健康状况、年龄等因素，进行综合测评。

在人才身价测评方面的探索，济南高新区实现了从0到1的突破，在积极推进身价应用的过程中，需要更多的专家、学者共同研究，不断完善优化。

在"四CAI"模型的基础上，添加"T"（即 Try, Test）来丰富完善评估体系——"四C-T"，验证人力资本价值的准确度并在不断测试中进行修正，为个人、团队、企业等进行评估。用同一种方法，不同的逻辑和权重进行验证、修正，搭建更加完善、科学的模型，并推动"四C-T"走向国际。

基于"四CAI模型"的人才价值评估逐渐得到认可，2020年6月1日李克强总理提出"将人力资本作为授信额度担保的重要依据"后，推动了诸多银行迈出实质性的步伐。目前，平台已与18家银行签署了战略合作协议，并获得了1800亿元的综合授信，推出了基于人的信用产品——身价贷。在金融业务推进过程中，客户主要为可信度与人力资本价值较高的群体，而人力资本产业的探索为目标群体的发现提供了抓手。

2020年人力资源服务产值约2万亿元，人力资本存量约1934万亿元。如何利用好人力资本的巨大存量资源谋划产业，是对人力资本服务业提出的新挑战。高新区围绕积累的成果和实现的突破，为一千家企业和一万名人才提供无抵押、无担保授信。目前，平台已经有10万授信用户，纯信用贷款已达几十亿元，助力企业复工复产和发展。

按照人才有身价、身价可授信，有担保、能应用的逻辑打造银行授信、保险担保、政府补偿、基金参与的多维金融创新链，这一创新成果已列入人民银行"监管沙箱"进行应用试点，将围绕人力资本价值的形成、测评、兑付、提升、创新、交易等环节实现人力资本价值的应用落地。

（三）企业

产业的形成需要市场主体的参与。人力资本的市场主体的形成，一是由人力资本服务机构培育；二是由原来的人力资源培训、康养等相关企业共创；三是集成符合产业生态的龙头企业，创新打造产业生态。依托人力资本产业公共服务平台，从人才测评、人才大数据、创新金融、教育培训、健康促进、知识产权、科创加速、双招双引、人才价值交易、理论创新等方面进行整合和集成。在人力资本领域，人才是可再生资源，市场潜力巨大，将会涌现一批瞪羚企业和独角兽企业。

（四）术业

人力资本的发展得到许多高校的认可和支持。山东青年政治学院将在 2020 年落地国内第一个人力资本本科专业，第一期将招收 40 名学生。在 2020 年 8 月 12 日举办的"2020 中国·济南人力资本产业高端论坛暨全球人力资本产业中心推进大会"上，与会专家、学者就人力资本发展方向，从哲学、政治经济学、产业经济学、社科学、管理学等角度进行探讨。产业实践需要术业理论推动并深入研究。人力资源、人才资源、人力资本、人才、劳动力等相关概念的内涵、外延及交叉关系，需要由各位专家、学者建言献策。

目前，中央财经大学中国人力资本与劳动经济研究中心特聘主任李海峥、中国人民大学劳动人事学院院长杨伟国、国家发展改革委宏观经济研究院教授常修泽等专家，已加入推动人力资本产业发展的研究中。

2020 年，我们面向社会公布了 34 个研究课题，每个研究课题都充满挑战性与创新性，每个课题成果都是原创。希望更多的专家、学者积极参与。

（五）创业

整个人力资本产业的发展是一个创业的过程，需要创业理念、行动才能呈现创业的成果。标准化协会对人力资本服务术语的规范性提出了要求，人力资本相关的内涵、外延、基本概念、产业应用、评估定价等内容需要规范统一。科技部对此在济南召开专题座谈会，希望济南做好人力资本价值指数、园区指数等。园区人力资本价值指数体现园区的综合竞争力，城市价值指数体现城市的综合竞争力，即指数体现综合竞争力。

创业的目标是打造"七新"示范基地或者共建基地，以人为主体，以人才发展为方向，突出人的地位。围绕产业、业态、服务等提升增长点，推出新模式，需要各方专家、学者共同探讨。要在多样化的行业领域加大人力资本，做好"+人力资本"，推动形成"人力资本+"，促进形成更多生态。

在"五业"同进的同时，坚持"四同"发展的基本理念。一是"同志"，需要有共同的认知及产业志向，认可人最有价值、人力资本的产业方向、具有无限蓝海的场景等理念；二是"同力"，需要同心协力，互享资源，相互赋能实现"1+1>2"；三是"同创"，共同打造新产品、新服务、新增长点；四是"同益"，共同分享发展成果，互利共赢。

最后，济南正在规划建设100万平方米的全球人力资本产业中心，打造评估定价中心、银行总部、保险总部、基金总部、价值交易总部和大数据中心，发展总部经济。按照边培育、边建设、边发展的思路，在规划建设过程中，建立模拟发展体系，提前布局，推进产业发展、招商引资、培育主体等工作，预计利用三年到五年的时间呈现出实体性的成果。

对未来我们是充满信心的，希望更多的专家、学者积极参与，共同推动我国人力资本产业走向全球。🆔

人力资本概念演变与人力资本产业发展痛点

■ 作者｜杨伟国

国内关于人力资本服务的产业园，国家级的有 19 个，我去过 17 个，还有 2 个没有到现场。目前，济南还没有申请国家级产业园的认定，但是我去了很多次。加上前面听了张维国主任关于济南人力资本产业发展的介绍，我先给济南人力资本产业园做一个评价，我认为张维国主任以及他的团队在中国人力资本服务领域的创新是前所未见的。

首先是观念层面的创新和先进性，济南人力资本产业园往不确定的、没有人做过的领域推进的想法是前所未见的。党的十九大报告中提出的人力资本服务领域，实际是一个跨产业的概念，在这个基础之上，要界定出来一个独立的人力资本产业，需要从学术上、实践上去做很多开创性工作，济南人力资本产业园敢于开创，率先进行探索。

其次，济南人力资本产业园在创新的实践层面上，也是前所未见的。济南人力资本产业园并不怕不确定性，不怕失败，不怕不准确，而是大胆地去尝试

和实践，在实践中完善。这种做法既契合党中央十八大、十九大文件的精神，也符合我国目前经济结构调整升级的需求，从微观的角度上也切合企业和个人发展的需要。用生态平台的模式打通与整合各个相关领域，其视野的开阔以及融合各界的做法，在中国人力资本产业领域是前所未见的。

济南人力资本产业园的推进速度也是前所未见的。过去说，一个城市隔一年去看就大变样，济南人力资本产业园，可能隔三天去看都会有新的变化，在三四年的时间里，从模式、研学、产业推进等方面与其他园区相比较，推进速度是非常快的。

这是我对济南人力资本产业园、济南人力资本产业研究院工作的一个印象与评价。回到今天的主题"人力资本价值论坛"，我谈三个方面的问题。

一、理解人力资本相关概念

人力资本服务的核心肯定是人力资

本和人力资本的价值，张主任刚才说了人力资本、人力资源、劳动力等概念之间的关系，在经济层面，尤其在实践层面可能不需要分得那么清楚，结合市场需求，聚集于某一个点，把它做成产品就可以了。但是从学术上讲，需要把这些概念梳理清楚了，把它理成共同认可的一个话语体系、共同认可的一种范式，将来可以推广到更广的领域，为更多的企业和个人所运用。

（一）人口资源

人口资源，或者叫人口，具有非常强的自然属性，也是人力资本的基本要素。本来人口的问题不应该在我们这个范畴内讨论，那为什么要从这里说起呢？因为经过几十年计划生育政策，到今天，人口早已不是一种负担，而成为一个地区经济增长的基本前提。

我正在做一个城市的"十四五"人口规划，他们请我去做这个规划时我很惊讶，因为我研究的是人力资源和人力资本，人口规划不是我们的专业范畴。但他们说的是："如果我们现在仅仅依靠人口理论本身是没有办法解决人口问题的，需要从社会经济发展的角度，从人力资源、人力资本的角度解决人口问题。"这个城市人口现在是负增长，在过去五年中，这个城市的育龄妇女以每年减少1万人的速度在下降。人口负增

长，消费支出就会下降，经济压力比较大，这是最简单的道理，所以，人口是经济的基本前提，而且是人力资本的基本分母。未来，人口也可能具有人力资本的价值。人口是人力资本最基本的要素，主要是因为人口要素的内涵已经跟过去不一样了。

（二）劳动力资源

我们搞劳动领域研究的人都知道劳动力、劳动经济学，这也是我们学院最基础的学科。过去大家讨论得比较少，"劳动力"这个概念在劳动经济学这个学科里面，通常指的是同质性的体力劳动者。当然，把劳动力等同于体力劳动者，准确性弱一点，但大致是相似的。《劳动经济学》里把工业革命早期从事低端的、以体力为主的、重复的、操作性的一波人定义成劳动力资源。过去说人事管理，核心管理对象就是劳动力，人事管理就是只需要解决跟劳动力相关的基本事务就可以了。

（三）人力资源

但《劳动经济学》有一章却讲的是人力资本投资，因为从那一章开始，劳动力就变成异质的。为什么"人事管理"后来改称为"人力资源管理"，就是因为人力资源的根本特征是强调天然的异质性，人的智商是不一样的、人的体能也是有差异的，所以人力资源管理的根

本特征是异质性。这是"劳动力"与"人力资源"这两个概念的差异。简单地说，前者指同质性，后者强调异质性。

（四）人力资本

凡是涉及资本，所形成的结果就不是天然的，它需要靠投资去形成；因为有投资，就会有基于投资而产生的回报要求。所以，人力资本最关键的概念其实是人力资源的异质性，这种异质性是由投资形成的。由于花了大量的投资，投资形成之后就要追求回报。济南人力资本产业园推出的"人才有价"产品，其根本原因是人才作为人力资本的高端形态，必然要追求自己的投资回报。有一年我去河南做人才调研，发现有些考生考上了大学但不去读，是因为那段时间学生找工作困难，而且报酬非常低，这个时候他就要计算投资回报的问题了。这种决策在当时的环境下是理性的，当然这种理性只是短期理性，因为人的投资与回报要基于长期主义，也要考虑到更多的层面。这个事例也说明，人力资本服务业的发展是有价值的，因为它可以提供人才投资、就业方面的帮助。

（五）人才资本

投资就有投多和投少的问题，对人的投资本身有生物层面的问题，比如基因、体能、智力如果有问题，那可能怎么投资也不行。当然，现在人力资本的水平在物理层面上可能跟我们所看到的状态又有一些背离。比如说霍金，他不能讲话，但是不影响他成为伟大的物理学家。这就是说，他成为物理学家的关键物质基础还存在，其他的都不需要。这些现象的存在，让我们发现，人力资本和既往的基于物理形态的人口资源的差异会越来越大。所以，我把"人才"定义成"人力资本中投资量比较大、人力资本水平比较高、对自己回报要求比较高的群体"。

当然，在实践层面，人才具备某种能力会有更直接的体现和表述。

（六）创业人才资本

创业人才其实就是企业家人才。我们为什么要把创业人才单独拿出来？因为全部人才中，能够具备把一个事情从0到1创造出来的，才能称为创业人才。创业人才最根本的特征是先有一个从0到1的主意，并且能实现从0到1的形态，这是最关键的部分。熊彼特在《经济发展理论》第二章中，他定义企业家时认为，企业创立以后，如果你去经营就已经失去了企业家的身份。按照熊彼特的定义，可以说企业家首先应该是创业家。

上面是对人力资本相关概念的简单描述，我正在写一本书叫《人力资本服务概论》，在这本书里会把这些概念讨论得更细一点。

二、如何认识人力资本的价值

（一）人力资本的使用价值

人口资源、劳动力资源、人力资源、人力资本、人才资本、创业人才资本，这几个概念，从人力资本开始就把两边分开了。分开的原因是：人力资源往下的部分，自然属性比较强，同质性程度相对较高；人力资本往上的部分，社会属性比较强，异质特征更鲜明，具有投资回报的要求。这个时候要考虑到投资的行为，也要考虑到社会互动对人才所产生的结果。

在使用的层面上，人力资源往下通常是整体使用，或者叫粗放使用。目前就业的方式，甚至现在的《中华人民共和国劳动合同法》所界定的劳动合同用工的模式，都是基于人力资源、劳动力资源的整体使用的视角去看问题的。人力资本往上的部分，由于价值比较大，如果整体使用的话会大大降低价值。比如大学的管理学教授，除了能把学生教好之外，其实还可以给企业提供更多的服务。这个时候，如果整体使用，禁止他给社会做出额外贡献的话，从资源配置的角度来讲就不是最优，就不能给社会、给企业甚至给自己带来更高的贡献和产出。所以，未来的人力资本是根据个体身上包含的各种技能和时间形成的个体组合来使用。这是关于人力资本和人力资源在使用这个层面上所产生的价值。

随着数字技术的发展，就算是普通的劳动力如家政服务，我们也可以在某种程度上把他定义成一个劳动力，或者是经过训练的人力资源层面的服务，也可以按小时来做。在某种意义上，可以把他往更高的层面推进，能够让他的技能在时间层面上稠密分布，这个时候就可以让资源得到更好地利用，对个人、对客户、对社会都是有价值的。

（二）人力资本的社会经济价值

今天讨论的人力资本问题，其实跟社会经济紧密联系在一起。人力资本的社会经济价值可以从两个维度去看。

一是供给的角度。当我们说人力资本价值时，这个"价值"到底指的是什么？济南人力资本产业园推行的"人才有价"，这个"价"怎么理解？第一个层面比较好理解，就是价格。如果把"人"当成一个物品的话，能值多少钱？这里面有很多衡量视角：从经济学的视角，会更多地根据投资额来确定回报应该是多少；从管理学的角度，要看你的体力、智力、情商、解决问题的能力等，通常的做法是通过岗位评价的方式确定一个人的能力可能具备的价值；会计学的角度，则更多的是指从成本的角度，20世纪70年代就开始讨论人力资源会计的问题，但是到目前为止，人力资本或人力资产在会计报表中还是以成本的模式去体现的。

二是从需求的角度，价值定义完了以后，最终，企业要给具体的一个人、一个岗位支付多少钱，就是价值在市场上的变现。比如说一个科学家或者一个企业家，在现在这个时代，可能他个人的人力资本价值非常高，但如果很不幸地遇到了金融危机或像今年的新冠肺炎疫情，他的价值没变，但是变现的价格下降得很快，就像股票市场一样，经营能力、盈利能力可能在市值下跌的瞬间缩水了，价格变化会非常大。将来为什么要有所谓的人才IPO或者说要有一些交易？就是**价格和价值之间**

> 创业人才最根本的特征是先有一个从0到1的主意，并且能实现从0到1的形态，这是最关键的部分。

可能存在一种背离。

从供给的角度来看人力资本的价值以及他最终在市场上的价格，是供需双方交易的结果。这个价值如果仅仅从供给的角度上讲，价格的表现形式就没有了。价格的产生一定是因为有需求，因为你能给需求方带来贡献。所以，在需求的角度上讲，人力资本的价值体现的是人力资本供给层面的价值，即我为这个单位、机构创造的产品或者服务的价值，是要在社会上变现的。

为什么说岗位评估是人力资源管理的基础？就是因为要从管理学的角度测定一个人的价值，表现为情商有多高、解决问题的能力有多大等具体的表现形式，

> 未来的人力资本是根据个体身上包含的各种技能和时间形成的个体组合来使用。这是关于人力资本和人力资源在使用这个层面上所产生的价值。

很多因素综合起来构成一个人的供给价值。而从需求的角度来说，岗位评估更多的是要解决这个人在这个岗位上的责任和产出能为这个组织所带来的价值。

也就是说，所谓"人才有价"是价值和供给价值之间的关系通过市场化交易而表现出来的一个共同的价格。

三、人力资本服务产业的发展方向

（一）供给：全生命周期服务

一个人最终要形成自己的价值，但人力资本的形成过程却是全生命周期的，可以说从受孕的那一刻开始直到离开这个世界，都是人力资本的形成过程。人力资本形成的全生命周期的每个环节其实都是需要服务的，所以，从供给的角度上讲，人力资本服务是人力资本供给全生命周期的服务，包括每个环节。

很多人搞不清楚人力资源服务和人力资本服务到底是什么关系？人力资源服务从本质上来讲强调这个人在这个地方怎么用，把价值发挥出来就可以了，而人力资本服务强调的是怎么让这个人更好用、更有用处。这个人已经大学毕业了，但你希望他是更好的，能不能在大学中通过教育让所有人都变得更好，这是人力资本要解决的问题，当然还包括医疗、健康等。也就是说，人力资本服务范畴在横向、纵向两方面都要扩展。

从供给的角度来讲，人力资本的服务就是全生命周期的服务，比如从怀孕准备期，基因检测公司就可以来检测未来会生什么病，或者遗传病的及早干预，等等，这都可以是人力资本服务中的一部分。而我们现在所提供的一些服务还属于非常表面的、简单的服务，没有进入生物、数字技术的深度，这是未来要改变的。我们正在研究的东西是什么？人的能力到底是不是先天形成的？到底是不是基因决定的？至少我们现在知道了，基因的某个片段可能决定你将来会不会得癌症，这意味着和人力资本先天性的理论是有某种契合的，从生物学的角度来讲已经解决了这个问题。

而且，现在也有了更加综合的评估手段能做更加精细化的测评。比如以色列有一家公司，通过一个人10秒钟的讲话，基本上就可以判断这个人的情绪稳定性等情感方面的特征。如此窄的评估就是为了适应人力资本的配置越来越精细化的要求。比如情绪稳定性是飞行员、机长、特勤人员最重要的特质，甚至只要有这样一个特质，其他的东西都不会影响他的工作绩效。当然，仅仅检测情绪稳定性是没有意义的，或者说应用价值比较小，只有这个过程精细化了之后，单一的测评结果才会对应特定的工作需要。

（二）需求：全价值链服务

给人力资本提供全生命周期的服务，最终的目的是满足需求方的需要。从个人的角度来讲，如果你修养好、有很多知识，你自己把它作为价值点是可以理解的，但是从经济的角度来讲，所有的价值要想得到最后的体现，取决于能否满足需求方的需要，所以叫作人力资本需求的全价值链服务。

人力资本服务方要满足一个单位、一个机构的需求，要从了解人力资本的信息开始，数据是信息的基本前提，有了数据的整合才会构成信息，信息之间产生关系才构成知识，知识整合后才能构成更多的解决问题的应用方案。所以，人力资本服务的全价值链服务从对一个人信息的了解开始，包括评价信息、职业测评、基本需求等全过程，最终是要给出能不能匹配招聘需求的建议或方案。

未来，纯粹的招聘平台实际上是没有市场空间的，为什么？因为不可能还要等着供需双方见面，而是需要一步到位。亚马逊于 2013 年就发明了预测式出货，只要你买书买到一定程度，在你正想着要买什么书的那个时间点上，把书送到你家去了。买书都可以预测，预测一个人想找个什么样的工作，并不比主动式出货的要求更高。IBM 内部有一个全球工作机会的程序，只要你点击了工作机会，通过点击的时间点、浏览的时间，就可以判断你在多大程度上愿意接受这个工作。

未来，人力资本服务的范畴包括 RPO，即招聘流程外包的模式，你不要让我再发广告了，我把我的需求给你的时候，你就应该把人交给我，不需要再有中间的过程。还包括薪酬服务、组织内部的管理咨询服务，甚至包括人力资源外包，直接接管某个部门，在美国叫"专业雇主组织"，这也是非常先进的模式。当然，对于一个组织、一个国家来说，人力资本服务的范畴将来还会有更多。比如退休的问题，教授一般是 60 岁退休，但尤其是对于人文社科的教授来说，可能 60 岁正是他的创造性或者对所研究领域的理解的最高峰，制度决定了他要退休，但是市场绝对不会让这样的人的价值终结。所以，如果有服务产业园，将来有类似的服务平台，一个人直至离开这个世界之前都可能在为这个世界做贡献。

人力资本服务从需求的角度来讲是全价值链的，从供给的角度讲是全生命周期的，这是未来人力资本服务的发展方向。🆔

让人力资本价值落到实处，
唯有"三个经营"

■ 作者｜彭剑锋

前段时间我去参观了济南人力资本产业园，今天又听了张维国主任的详细介绍，我的一个直观感受是，济南人力资本产业园既有人力资本理论的创新，又有实践层面的实质推进，这是非常令人欣喜的。张维国主任虽然是政府官员，却是一个具有企业家精神的官员，既懂政治又懂经济，是一位具有双重能力的开创者，以企业家精神开创中国人力资本服务业的创新发展之路。

一、人力资本的企业实践早于产业发展

人力资本在企业的实践，最早是在华为。我们在华为最早提出了"人力资本的投资优于财务资本的投资，人力资本优先发展"的理念。在华为，我们创造性地提出了人才的"三位一体——价值创造、价值评价、价值分配"的价值管理循环，那个时候主要从企业微观的角度对人力资本作定价，后来发展出了华为的四种价值评价：第一是岗位价值；第二是能力价值；第三是价值观的价值；第四是绩效价值。华为从 20 世纪 90 年代到现在一直没有变的就是这套价值观管理体系。

从微观层面上来讲，人力资本价值实践要求企业把人才作为一种资本，第一要加大投入，第二必须要有回报。

人才作为资本，要拥有两个权利。第一要有剩余价值索取权，要参与利润分享，因为人才是所有者之一。华为后来在实践中推行全员持股，就是为了贯彻人力资源（人才）作为一种资本必须要有投资回报，必须要有剩余价值索取权。第二要有共治权，要参与管理，要有知情权。华为在实践过程中体现了两个原则：一个是全员持股计划，另一个是共创共享。整个管理是透明的，员工都是主人，都可以参与企业的管理。

从华为开始，我们一直在中国企业中推广这套人力资本优先发展的理论。我们做得更多的是价值评价体系和价值管理循环，全力创造价值、科学评价价

值、合理分配价值，解决企业内部的人才定价问题，给人才以投资回报并激励大家真正成为价值创造者。

在人力资本的企业实践方面，我个人认为中国企业跟美国企业相比并不落后。人力资本的理念和人力资本的管理机制推动着中国企业的发展。

从产业的角度来讲，中国人力资本服务业是从满足改革开放的需求开始的。从档案开始，做得最大的是北京、上海的外企，那时候是解决档案问题，从档案涉及人才的评价问题、人岗的匹配问题、人才的推荐问题，等等，从而带动了整个中国人才服务业的发展。

但客观来讲，中国人才的服务业还是侧重于存档和招聘这一块，没有真正意义上把人才作为一种资本来看待，也就是说，真正的人力资本服务业事实上还在酝酿中，还没有形成完整意义上的产业链。

中国企业对人力资本的实践探索已经进行几十年了，在企业中产生了像华为这样的优秀实践案例，有很多丰硕的成果。但是从产业这个角度来讲还处于开创期，济南人力资本产业园是领衔开创者。这对张维国主任提出了很高的要求：要以企业家精神做行业的开拓者。

很高兴地看到，济南人力资本产业园不只有硬实力（有大楼，将来还有

300亩地），还有软实力（从理念到产业定义，到配套的政策，到一系列的产品开发与服务），这都是人力资本产业发展的基础。

二、数智化为人力资本产业发展奠定了基础

我参与制订人才规划纲要（《国家中长期人才发展规划纲要（2010—2020）》）的时候，当时对人才的定义讨论了很久，后来正式给"人才"做了一个定义，即"主要从事创造性劳动，能够给社会带来经济效益和社会效益的创造型人才"。当时没有赋予人才以资本的含义。人力资本的概念一提出来，**就对人才赋予了资本的含义，它的核心就是有价、可交易、可增值、要回报率，这是最典型的特点。**换句话说，最具有经济价值增长能力的那部分人才，具有高附加价值、高投入、高回报率的资本属性。

人力资本具有强烈的资本属性，由此它区别于人力资源的特点有三个：一是有市场价，人力资本的定价一定有货币资本。"人才有价"就是指人才可以用货币资本评价，跟金融资本结合，否则的话不叫资本。二是可交易的、可变现的。三是追求价值增值，最终追求投资回报。某种意义上，就是马克思所讲

的"只要赋予资本属性，就有对剩余价值的索取权"，对剩余价值有追求，就要实现资本的增值。

从大的环境来讲，现在的确进入了人力资本价值管理时代。一方面，是因为人力资源管理的短板需要回到价值层面来解决，如人才配置效能低、人岗不匹配等原因造成的人均效能低、人力资本投入的效能低、人力资本自身创新成果转换率低。另一方面，数字化时代为人力资本价值管理奠定了技术基础，也奠定了社会文化基础，使人力资本的价值核算、人力资本的投入产出核算成为可能。

价值管理的基础是数字化，早了不行，晚了也不行，所以人力资本产业发展的这个时机就踏得很准。未来，只要把算力、算法的模型做出来，后续就会自动做核算，每个人的信用价值、财富创造价值都可以自动核算。比如，衡量一个人的财富价值，他有多少财富，包括有形资产和无形资产，可能税务局比我们清楚；他的信用价值，社会大数据就有，只要对接数据就可以了，不用一个一个去测。他的过去价值通过大数据采集，行为轨迹全部可以呈现出来，你只需要关注他的未来价值，评价他的未来价值和潜在价值。

可以说，数字化、智能化时代带来了全新的发展机遇，为推动整个人力资本产业的发展奠定了技术基础，可以撬动一个大的产业，最终撬动整个中国经济的新增长点。这也正是人力资本产业研究的使命和责任所在。

三、围绕"三个经营"构建人力资本产业生态

中国经济正在进行动能转换，未来的经济一定是创新驱动、人才驱动的。创新驱动的本质也是人才驱动，人力资本驱动。人才只有和资本对接才能真正具有力量，不跟资本对接，人才是没有力量的。而且，人力资本本身就是

一个大产业，是未来经济的高增长点。

中国经济发展到今天，现在真正进入人力资本的效能管理时代。效能管理时代有两层含义。一是如何提高人力资本在整个社会经济发展中的贡献率。因为创新驱动背后是人才驱动，实际上强调的是人才在未来中国经济增长过程中要提高地位和增加贡献率。二是从中国过去整个人力资本业的发展来看，企业要改变过去粗放式的人力资源的投入，未来要以提高人力资源的效能为核心。

在国家"十四五"规划指导意见中，提出要提高人力资本的效能。只有提高人力资本的效能才能提高中国经济的质量，高质量发展的背后是高质量的人力资本投入与发展。所以从宏观角度来讲，人力资本效能时代与国家高品质发展、国家新动能转换的要求是完全融合的——离开人力资本价值实现与效能提升，中国经济的创新驱动、动能转换、未来的可持续发展就没有了支撑。

（一）围绕"三个经营"，构建人力资本产业服务平台

1. 经营客户价值

未来，人力资本服务方要真正把人力资本作为客户，要经营供给方，经营人才，要为人才提供服务。人才有三个价值：一是人才多元的综合价值，满足人才多样化的需求，每个人都不一样；

二是人才所提供的综合价值，全方位的价值；三是全生命周期价值，也就是终身价值。我特别赞成济南人力资本产业园围绕人才经营，把人才与金融结合起来，率先推出了"人才有价"产品，由此切入经营人力资本价值的做法。

2. 经营数据

经营人力资本的大数据，要利用政府的便利条件把产、学、研结合在一起，将来对接国家的各种大数据。作为人力资本产业生态平台，核心能力应来自三个方面：一是数据资产，二是算力，三是算法。只要掌握了这些，就可以提供人才服务的各种解决方案。

3. 经营产业生态

作为第三方平台，一定要进行产业生态化、开放式经营，使官、产、学、研各方面的资源能够发挥各自的优势，并且通过平台的整合，发挥出资源整合的价值。

中国现在整个人力资本服务行业最大的问题，是对人力资本的产品和服务的投入不够，大多是急功近利或投机。作为专业的服务平台，一方面要围绕人才做好服务的产品投入，另一方面要围绕需求人才的企业做好服务投入。

（二）开放合作构建人力资本产业生态

人力资本服务行业要真正实现产业

化，要让它具有产业价值，就需要开放生态，让大家共同参与，要"出圈"，如果仅仅是在人力资源圈里自娱自乐是很难具有产业价值的。也就是说，光靠济南人力资本产业园这个平台还不够，还得借势、还要更加开放，既扎根于济南人力资本产业园，又要超越济南人力资本产业园，要有旗帜，要有一个开放的平台，要超越地域的概念，整合全国的资源，进行跨界合作，做大、做成人力资本产业生态。

如何构建人力资本产业生态？我有几点建议。

1. 要有长期价值主义，要舍得投入

这些年，提出做人才产业园、人力资源服务产业园的有不少人，但绝大多数是短期主义，不做长期投入，玩个概念就跑了。将来要在体制机制上做创新，要有保证，要有长期价值主义，就是要有理想、有追求，要干大事，要做长期投入，要打持久战。

2. 利他共生，发挥长板优势

平台一定要开放，发挥各自的优势，不要争利，生态的核心概念就是利他。济南人力资本产业园将来如果有利于全国的人力资本服务业，就能成就自己了。

3. 跨界融合

人才资本要跟金融结合，人才有价、人才 IPO，这是实现价值增值的两个很重要的途径。一方面，要聚焦于信用价值、人才有价的产品，把它做透。建立对个体和团队价值进行客观评价的体系，使人才实现有价。另一方面，实现人才 IPO，把人才和货币资本结合在一起，让创业者在"人才有价"的担保下能贷到款，能拿到投资。把"人才有价"这一个产品做到一定规模以后再发展其他产品，做到足够大的规模。人才与金融结合的产品一旦实现突破，将来就是一个很大的产业。

4. 做透创业者、企业家主线

从人才的角度来讲，要跟各方面人才合作，借社会的人才优势一起来开发产品，形成一个开放式的商业创新平台。将来，不要试图对所有的人才都做评价，要先聚焦于创业者、企业家。突破口就是对创业者估价后给他贷款，发展出一批以人力资本为核心的真正的创业家。

熊彼特认为，企业家就是创业家，没创过业就不叫企业家。中国未来就是要孵化一大批企业家。现在创业家最困惑的是中国的资本市场是需要抵押贷款的，人力资本和货币资本不能有效结合，而人力资本服务平台就是要推动人力资本和货币资本的有效结合，使人力资本借助于货币资本的翅膀实现社会财富的价值增值，实现自身的价值增值。

如果未来济南人力资本产业园能通过人才有价的服务，在中国实现了对创业者的直接投资，还能做出很多成功案例，那对中国经济发展转型的贡献将会非常大，对自身的立足和品牌打造也会价值无穷。

小结：经营客户价值、经营数据、经营产业生态，这是人力资本产业发展的核心要素。产业生态平台围绕"三个经营"展开人力资本产品服务的研究开发，以客户价值导向 To B、To C，使人力资本个人借助平台实现价值增值，使人才服务公司能借助这个平台赚钱。大家的力量凝聚在一起，最终就会形成一个巨大的产业。而且，现在正是好时候：数字化、智能化时代提供了技术基础和文化基础，这是人力资本价值管理真正来临的时代，如果能够抓住这个时代机遇，打通政府、企业、商界、学界，聚集力量，就能确实推进人力资本价值管理这样一项伟大的事业。

人力资本价值转化为竞争力的三种形式

■ 作者 | 饶征

你的人力资本价值，就是你的"身价"；经营你的人力资本，就是经营职场竞争力。一个企业拥有的人力资源，如果不能转化为人力资本，人数再多也只是人工成本的增长，而不是企业的竞争力。现代社会，一个城市人口再多，如果缺乏人力资本产业运营，将难以构筑区域经济生态优势和产业竞争力。

一、"身价"源于个体人力资本价值的经营

人力资本是指人的劳动能力被社会认可的价值体现形成，并成为劳动力市场可衡量和交易的基本形态。个体人力资本是指由个人在长期学习、工作等过程中获得的知识、技能、经验等所构成的，具有创造现实和未来社会价值的劳动能力。这种劳动能力在劳动力市场获得交易前，一般体现为个人长期以来所积累的专业能力、职业能力、创新能力和职业信用等，这种劳动能力在被社会所认定和雇用后，才能真正成为个体的人力资本或个体人力资本的价值实现。个体人力资本的价值实现，从个体被社会认同角度看，可以理解为"身份"或"身价"；从个体人力资本价值被企业认定角度看，可以体现为企业中"职级"或"薪级"。

（一）职业生涯规划是个体人力资本价值经营的主要形式

人力资本，从每个人依据法定年龄开始创业或求职开始，就成为自己、雇佣者、合作者关注的重点。每个人都在不断地掂量着自己的人力资本分量，同时也会仔细掂量合作者或被雇佣者所具有的人力资本价值以及人力资本价值变化情况。每个人都会依据自身的人力资本状况规划自身人力资本的经营方式，如继续升学、谋求职位晋升、跳槽、个人创业，等等，这种个人的人力资本经营方式，可以看成是个人的职业生涯规划。

（二）个人职业品牌的打造是提升个人职场身价的重要途径

职场身价，与普通意义上的"身价"不同。人们在日常交流中，常把"身价"与其已拥有的财富（无论获得财富的来源是什么，包括遗产继承、获财产赠予等），或未来拥有财富的数量级（同样包括遗产继承、获财产赠予等），或其凭借已有专业能力、职业能力和创新能力预估折算成财富拥有的能力等级。职场身价显然是指第三种情况。职场身价，由三部分组成，职业能力、职业信用和职业品牌构成。职业能力是职场身价的基础，没有职业能力就谈不上职业信用和职业品牌；职业信用是职场身价的保证，没有职业信用将给雇主带来极大的雇佣风险，同时也会让自身职场身价大打折扣；职业品牌是职业能力和职业信用的总和，打造职业品牌不仅能够提升个人职场竞争力，也是提升个人职场身价的重要途径。

企业人力资本不仅具有鲜明的企业文化特性，而且具有战略性和时效性。企业人力资本的文化特性、战略特性和时效特性，共同构成企业人力资本价值的基本特性。

二、三种特性左右企业人力资本的保值增值

人力资本对于企业而言，不是单一个体人力资本或人力资源的集合，而是指企业在劳动力市场获得的，经过企业文化洗礼，认同企业核心价值观，并与企业结成利益共同体、事业共同体和命运共同体，具备为企业长期履职能力和创造价值的员工群体。企业人力资本是企业核心竞争力的源泉和企业发展的中流砥柱，是企业人力资源中被企业文化激活了的积极分子。因此，企业人力资本不能等同于企业人力资源，只有真正将个人专业

能力和职业能力有效地融入企业组织，个人工作进入企业战略状态，持续创造企业价值的人力资源才能成为企业人力资本。

企业人力资本不仅具有鲜明的企业文化特性，而且具有战略性和时效性。企业人力资本的文化特性、战略特性和时效特性，共同构成企业人力资本价值的基本特性。

（一）企业人力资本价值的文化特性

企业人力资本价值的文化特性，就是指企业组织中，理解认同企业核心价值观和行为准则，自觉自愿为企业愿景、使命和战略目标而奋斗，并接受企业组织合理安排的员工，才是企业的人力资本。因此，企业人力资本是基于企业战略与组织认同的人力资源有效配置，是被有效组织起来的目标一致的人岗适配的人力资源队伍。因此，企业人力资本具有强烈的企业文化属性，只有能被企业及其战略有效地组织起来的人力资源才是企业的人力资本，才具有企业人力资本的价值。

（二）企业人力资本价值的战略特性

企业人力资本价值的战略特性，是指企业人力资源只有为企业战略服务，并能为企业战略目标的达成创造价值，才能转化为企业人力资本，才能称其为企业人力资本。其实，企业

人力资源，作为生产所必备的"资源"要素之一，具有能动性的"资源"要素，必须发挥其价值创造的积极性、主动性和创造性的作用，带来价值增值，为企业创造利润作贡献。否则，就是人力资源配置的失败和人力资源的浪费。因此，企业人力资本是指处在被企业战略和组织有效激活的状态，并能创造企业价值增值的人力资源队伍。与企业离心离德，游离于企业战略和组织状态之外的员工，不是企业人力资本，更不能纳入企业人力资本价值评价之中。

（三）企业人力资本价值的时效特性

企业人力资本价值的时效特性，是指企业人力资本价值会随着企业战略目标的变化而变化。相对于企业战略而言，人力资源成熟度是企业人力资本价值评价的关键指标之一。人力资源成熟度是指企业人力资源队伍整体专业化（知识、技能、经验和成果）、职业化（协同、合作、团队精神、大局观）和企业化（归属感、忠诚度和敬业度）程度，是企业全体员工认同企业经营理念，满足企业经营战略和组织要求，并确立企业市场竞争优势的能力与程度，也可称为人力资源战略化程度。

企业战略具有周期性，企业人力资本价值会随企业战略对人力资源的

要求变化而变化，会随人力资源成熟度的变化而变化。企业不同周期的发展战略，对企业核心竞争力的构成会有所不同，对企业核心能力的打造也会提出更高的要求。人力资源满足了企业上一个战略周期专业化、职业化要求，并不意味着能够满足下一个战略周期达成目标所需的专业能力和职业能力要求。因此，企业人力资本价值具有时效性，必须随企业战略变化，及时调整企业人力资源数量、结构和素质要求，促进员工专业化、职业化能力的提高，使企业人力资本价值不断保值增值。

三、区域人力资本价值水平是城市产业竞争力的标志

区域人力资本是指在一定区域内赖以形成区域经济生态优势和产业核心竞争力的人才总和。只有融入区域经济生态圈中发挥其专业作用的人才，才能成为区域人力资本的一分子；只有进入了某一城市产业价值链中，并积极发挥其专业能力的人才，才真正转化为区域人力资本价值。

衡量区域人力资本价值水平，可以通过两个维度来：一是反映区域经济生态中的核心人才的当量密度来衡量；二是在区域支柱产业链上关键人才分布当量与量级来衡量。区域人力资本价值水平，可以作为区域所在城市竞争力的标志。而产业价值链上的人才当量密度也是城市产业竞争力的重要标志。

区域人力资本价值指数应该成为城市产业发展竞争力评价的要素之一。建立区域人力资本价值指数评价模型，有助于全球城市经济发展评估和产业发展要素的全球整合。定期发布全球城市人力资本价值指数及其排名，

帮助全球城市认清自身发展的禀赋，促进各类生产要素的全球流动，以及各类城市根据自身具备的人力资本价值水平规划经济发展的方向和目标。

四、打造人力资本服务产业生态环境，赋能新兴产业崛起

人力资本服务的基本内涵，是以帮助个体人力资本、企业人力资本和区域人力资本认清自身的社会价值，并通过各类社会专业组织的生态服务，实现社会价值认定、社会价值呈现和社会价值兑付。

一切有利于区域经济生态优势和产业核心竞争力形成的人才评估、引进、培育、留住、激活、金融服务等经营活动和创新创业环境运营活动，共同构成区域人力资本服务。

人力资本服务产业在政府产业政策、产业规划和产业运营带动下，通过营造良好的人才创新创业营商环境，包括人力资源管理咨询、人力资源服务、人才测评、人才大数据、金融服务、教育培训、健康促进、知识产权、科创加速、双招双引、人才价值交易等，将会有效地促进人力资本价值转化为从业者竞争力、企业竞争力和区域竞争力。🔂

管理洞见

CHINA STONE ▶▶

做正确的事，就是一切价值活动
都要端到端。"从需求中来，到
需求中去"。

——施炜

所谓"内卷化",是指在不产生成果的地方投入资源。换句话说,就是投入的边际产出不存在了,企业应该尽量避免出现这种现象。

如何避免管理"内卷化"
——为成果而管理

■ 作者 | 施炜 华夏基石集团领衔专家,中国人民大学中国资本市场研究院首席研究员

很高兴参加德鲁克先生诞辰 111 周年管理论坛。德鲁克的著作博大精深,今天我们着重来谈其中的一本——《为成果而管理》。

这本书写的是什么呢?

根据德鲁克本人介绍,这本书写的是企业战略。只不过在 20 世纪 60 年代,"企业战略"这个词还没有像今天这样被我们所熟知。当德鲁克想把这本书命名为"企业战略"时,遭到了很多人的反对。所以,最后就取了现在我们看到的书名——《为成果而管理》。

今天,我们就来谈谈关于成果管理的一些重要思想,以及对新形势下中国企业的启示。

企业是个目的性系统

什么是"成果"?

在德鲁克看来,企业是一个经济组织。经济组织的成果就是经济绩效,它是一个商业化组织特有的职能和贡献,而且是其存在的理由。

也就是说,商业组织如果没有贡献绩效,是立不住的。为了经济绩效,为了组织成果,企业人员在思考和完成工作时应该是有方向、有方法、有目的的。

这给了我们一个启发——**企业是个目的性系统**。

同时,德鲁克曾不止一次指出,企业绩效是多方面的。在未来社会中,企业高管面临的一个重要任务就是要平衡

企业的三种角色——经济组织、人力组织以及作用日益重要的社会组织。

相应地，企业有三种绩效——经济组织的绩效、人力组织的绩效以及社会组织的绩效。也就是说，企业所承担的责任，既包括经济责任，也包括人力资本增值的责任和社会责任。

一方面，德鲁克强调企业的成果表现为经济绩效；另一方面，强调企业有三种角色。怎么理解？

首先，企业要在商言商，也就是企业的目标和方向应该是创造经济效益，其他的价值（人力资本增值、社会责任）都要以经济绩效为基础。其次，这三者之间并不矛盾，而是相互促进的——绩效好了，员工收入会增加，能力会增长，反过来又会推动绩效增加。社会责任也一样，企业处于社会这么一个大的生态环境中，为生态作出了贡献，生态也会回报以营养。

以上是我对德鲁克先生所说的绩效或者说成果的理解。

满足顾客需要，才是一个企业（机构）的宗旨和使命

德鲁克认为，成果不在企业内部，而存在于企业外部。也就是说，成果取决于企业外部的人，即市场经济中的顾客。满足顾客需要，才是一个企业（机构）的宗旨和使命。

为什么？因为企业是为了满足顾客的需要而存在和发展的。企业输出给市场的价值能不能真正成立是要由顾客来判断的；从长期角度看，企业的成长和进化受顾客价值变化的牵引。

一个企业发展过程中，最重要的标志就是为顾客创造越来越多、越来越好的价值。企业进化的起点是顾客

价值增量。所谓顾客价值增量实际上就是顾客价值的变化和创新。

我们经常讲外部环境的不确定性，其中最主要的变量就是顾客。只要满足顾客的需求，动态地保持顾客价值增量，就不会出现大的失误。

通过创新可同时实现规模和利润的增长

前面已经说过，企业的绩效分为经济绩效、人力资本绩效和社会绩效。德鲁克在《管理的实践》中提出，只要与绩效、成果相关的方面，都要设立目标。

这个目标包括市场地位（市场份额）、创新、生产力（生产的效率）、物力和财力资源、营利性、管理者的绩效、员工绩效等。

德鲁克提出的企业绩效目标是复合、立体、多层次的。因此，目标组合时应该运用几种思维模式：结构思维、平衡思维和叠加思维。

结构思维。即多种目标组合在一起，相互之间形成联系。结构思维也是系统思维，就是多个指标产生整体效果。目标和目标之间往往是有矛盾的。德鲁克先生列了一系列的目标，有些目标很难同时实现，这个时候往往需要用到平衡思维。

一个企业是为了实现短期目标，还是为了"长远大计"运营，这是个价值观问题。

平衡思维。就是要在复杂的、相互冲突的目标之间找一个平衡点，恰到好处兼顾多重目标。

叠加思维。"叠加态"这个概念是从量子力学里来的。有一些战略举措和动作需要同时实现两种方向相反的目标，这时就要用到叠加思维，它是比平衡思维更高层次的思维。

举例来说，规模和利润是一对矛盾。通常只有降价才能扩大规模，可这样会影响利润。但在互联网时代，我们发现很多企业利润增长的同时，保持了规模快速增长。

因为在网络效应影响下，市场份额会快速提升，顾客流量会快速积累；企业的市场地位提高了，就享有了一定的定价权，这时利润就会增长。

这又给我们一个启发——不一定非要把两个指标对立起来，比如可以通过创新，同时实现规模和利润的增长。

摒弃投机理念和短期行为，形成长期战略地图

我们讲到企业绩效的时候，还有一个关系要处理，就是短期目标和长期目标的关系。德鲁克指出，一个企业是为了实现短期目标，还是为了"长远大计"运营，这是个价值观问题。

德鲁克认为，企业管理者必须同时关注三个方面的绩效：

● 提高现有业务的运营成效；

● 辨识出企业的潜能并能使之发挥作用；

● 对企业更新以创造一个全新的未来。

这三个方面基本上与短期、中期、长期目标三个阶段相对应。开创未来的工作不是为了确定明天该做什么，而是为了确定今天该做什么才能拥有明天。

今天的行动里要具有长期意义，这点对中国企业很重要。原因是过去几十年，市场上充满机会，市场规模急剧扩大，很多企业家没有什么管理经验，文化传统里又有一些小农意识，所以投机理念比较严重，只重视短期目标，不重视长期目标。

所以，学习了德鲁克思想后，一个重要的体会就是，要摒弃投机理念和短期行为，形成长期战略地图。这是新形势对企业家的要求。

长期战略地图，包括长远战略意图（战略愿景和方向）、中长期战略目标以及与之相对应的举措。据我所知，国内一些优秀企业，比如华为、美的，还有最近接触的广联达，都在做长期规划。

广联达有一年计划、三年规划、九年长远战略设想，他们把这三个时间段放在一个战略管理体系中来通盘考虑。这说明我国很多优秀企业在制订长期战略方面已经迈出了坚实的步伐。

要考虑长期目标，很显然就要从长期角度来分析环境变化趋势。短期环境变化是比较容易把握的，长期环境变化则不太容易把握。怎么办？我们只能把握一些关键变量，通过关键变量的变化，预测未来趋势，形成一些确定性的行为，

以应对未来不确定性的预测。这也是任正非的管理思想。

大家可能要问，有哪些确定性行为呢？

比如技术创新；对人的投资、训练、开发；流程体系建设，也就是管理平台建设等。无论未来怎么不确定，企业有了这样一些基石，总会比其他竞争者更容易应对环境变化的挑战和冲击。

对个人来说也是一样，不管未来怎么变化，今天的学习总是有意义的。

成果的取得是靠不断发现新机会，而不只是靠解决老问题

按照德鲁克的思想，企业要形成多层次的业务体系，这和第二曲线的概念不完全一样。第二曲线强调的是第一曲线进入成熟期时第二曲线就要拉升。而多层次业务体系特别强调现有业务和未来业务的组合。这就像中国人经常说的一句俗语，"吃着碗里的看着锅里的"，可能还要想着"锅"以外的地方。

有些业务是现在的业务，有些业务可能是面向未来的业务，这样就形成了一个双元的业务体系。

德鲁克非常有意思，他非常重视机会，并不止一次提到成果的取得是靠不断发现新机会，而不只是靠解决老问题。

记得在《卓有成效的管理者》中，德鲁克批评了很多管理者，说他们每天手忙脚乱地解决一些现在的难题，根本就没时间和精力去发现未来的机会。所以，德鲁克特别强调机会，他还说为了创造成果，资源必须分配给机会，而非问题。

很多企业家学习《为成果而管理》和《卓有成效的管理者》时，读到这个地方不太理解，企业有很多难题，难道不去解决吗？

德鲁克其实不是说不去解决难题，他只是说不要纠缠在没有未来意义的老问题上。企业家必须展望未来，发现未来市场的需求，引领新的潮流。注意，发现新的机会并不是投机，而是找到企业未来成长的空间，这非常重要。

这个地方我展开说明一下。战略理论主要有两个流派。

一个是机会导向派。德鲁克，还有迈克尔·波特，他们基本是这一派的。

另一派是资源基础派，认为战略应基于现有的资源来思考。日本很多企业践行资源基础理念。

我认为，德鲁克是机会导向型战略理论的源头之一，其后二十多年，很多比较成熟的战略理论成果，今天看来都是从德鲁克的思想中汲取营养的。我在读这本书时有一些感慨——

我们今天读的很多管理学著作（包括与战略相关的），一些我们认为很新的观点，实际上都可以在德鲁克那里找到源头。

> 德鲁克其实不是说不去解决难题，他只是说不要纠缠在没有未来意义的老问题上。企业家必须展望未来，发现未来市场的需求，引领新的潮流。

德鲁克不像现在的学者，用所谓的学术规范去写文章，他写得轻松、有弹性，但是很睿智，很有穿透力。而且这种思想家一般也不会用很长篇幅去论证，更多的是洞察。说出来之后，让其他的人去论证吧。德鲁克这样的思想家就是定义问题的。用模型把问题完善化，是后面的人要做的事情。对德鲁克来说，有太多的新问题需要他去发现和定义。

从国内企业经验来看，改革开放几十年来，大部分企业家都是按照机会导向型战略来思考问题的。面向未来，我们要避免机会主义，东抓一把，西抓一把；同时，要形成机会分析框架，积淀模型。

总体来说，企业战略要使机会和能力相匹配。我比较喜欢说的一个概念叫作"机会牵引能力"，就是机会在前，能力在后，这两匹马也不能隔得太远，否则是抓不住机会的。

德鲁克强调资源要投在机会上，**我觉得更准确地表达应该是，把资源投在创造机会的能力上。**

机会不会像天上掉下一个大馅饼，砸在企业头上。机会是要去把握、去认知、去追随、去创造的。创造机会的思想，在乔布斯这些创新型的企业家身上就体现得比较明显。

做正确的事，就是一切价值活动都要端对端

德鲁克还有一句话，引起了一些争论。他说对企业至关重要的是成效，而不是效率。我记得书中还写道：做正确的事比正确地做事更重要。

迈克尔·波特有一篇很著名的文章，名字叫《什么是战略》，也提出过单纯提高运营效率不叫战略，只有创新、标新立异才叫战略。这一思想和德鲁克的思想是一致的。

哪些事是正确的事？一切价值活动都要端对端。

所谓端对端，就是以顾客需求为起点，以满足顾客需求为归宿。套用一个句式，就是"从需求中来，到需求中去"。只要形成这样一个闭环，就一定是做正确的事。

正确地做事也是重要的。我们用一个工具把两者结合起来，这个工具就是流程体系。流程体系的目录，每项流程的方向和目的决定了我们做哪些正确的事；流程的内部环节和过程解决了如何正确地做事。

讲到成果、绩效和资源配置的关系时，德鲁克发现了一个现象——很多企业可能都存在资源配置不当的问题。 99% 的成果是由排在前 10% 的活动产生的，也就是说，有 90% 的活动只产生了 1% 的成果。企业的资源和努力都用在根本创造不了成果的 90% 的活动上，资源和成果也就浪费了。

我们一定要梳理价值创造活动，尤其要梳理直接创造价值的活动，如研发、分销、制造。有些环节是价值创造活动中最重要的环节，我们要确认它，要压强它。

同时，还要找到这些环节背后的关键驱动因素。所谓关键驱动因素，就是一些关键的制胜因素。把这些因素抓住了，企业就能够赢，就能够超越对手。

组织复杂、流程烦琐、运行缓慢，都会影响价值创造。**按照负熵理论，企业应尽量减少不做功的能量。**

最近有一个概念很时髦，叫"内卷化"。其实这不是什么新概念，在社会学领域已经出现好几十年了，只是管理学最近才开始使用。

所谓"内卷化"，是指在不产生成果的地方投入资源。换句话说，就是投入的边际产出不存在了。企业应该尽量避免出现这种现象。

企业需集中力量解决价值创造的难题。可采取灵活的组织形式（如项目制）聚集人员，发挥团队效能。

必须保持领先：强调独特价值及与众不同

德鲁克还指出企业必须保持领先。做大不等于领先，即使领先了也有可能好景不长。所以，必须强调独特价值和与众不同的优势。

大家都知道，今天的竞争理论主要讲的是动态竞争。德鲁克认为领先是暂时的，这是一种动态视角。只有长期保持优势，企业才能成功。

按照德鲁克的思想，中国企业家应避免一味地追求规模，盲目扩张，而要使做大和做强相平衡。宏观经济一旦出现问题，很多只大不强的企业就会轰然倒下。有的时候，在一些细分的领域做到领先，也是非常美好的。

为成果而管理，既以人为本又以绩效为本

绩效是怎么产生的？德鲁克认为绩效是由管理产生的，或者说管理是与绩效关联的最大因素。

管理者必须对绩效负责任，必须要考虑组织的使命，制订目标，组织好各种资源，从而让组织作出绩效贡献。在《为成果而管理》中，德鲁克把创造绩效的重担压到管理者身上。

那么，管理是什么呢？

现在人们耳熟能详的是：管理是"博雅技艺"。这个概念也被译作"自由的艺术"或"人文的艺术"等。

德鲁克认为，"博雅"关注的是知识的根本、自我的认知、智慧和领导力，它与人文、伦理、人性的尊重，与对人的理解，与人的沟通和协调有巨大的关系。

我们再来看看"技艺"。产生成果要靠"技艺"。

我最近再次读德鲁克的一些著作，觉得"博雅"和"技艺"之间是矛盾的。这个矛盾在我国企业中尤其突出，也就是以人为本和以绩效为本之间的矛盾。华为把以人为本

改成了"以奋斗者为本",奋斗者本身是能产生绩效的,它用这样一个理念把以人为本和以绩效为本调和了。

现实生活中,我们经常看到对"996"的评价。实际上德鲁克先生在他的著作中已经给出了答案:企业首先还是要尊重人、关爱人、重视人、激发人,也就是以人为本。

但企业是个竞争组织,以人为本并不意味着放任自流,所以对员工也要严格要求。德鲁克在他的著作《旁观者》中回忆,小时候他的老师对学生要求十分严格,这样才能够帮助学生真正成长。要让员工成长,就要促使员工以自尊来提升自我,而不是依赖外部的、棍棒式的手段。

员工需制订目标,自己做出承诺,这就是目标管理。要发现和发挥员工的长处。每个人都有长处,要发现它、发挥它,别老看人的短处。作为管理者来说,要融入团队,和团队成员互相配合协同,不要高高在上。

其实,我看德鲁克先生的书时,觉得他的思想和我们儒家文化里面的精华并不矛盾,甚至是一致的。我觉得儒家文化的"己所不欲、勿施于人"就是"博雅"思想。

当下环境中,领导者必须是生态型的。生态型领导致力于构建平台、培育土壤,让万物生长,使平凡人做出不平凡的业绩。

这样,我们就解决了"博雅"与"技艺"之间的矛盾,既以人为本,又以绩效为本,达到了佛教所说的"不二"境界,没有差别的境界。🔲

注:作者施炜系华夏基石集团领衔专家、中国人民大学中国资本市场研究院首席研究员。本文根据施炜老师"2020 纪念彼得·德鲁克诞辰 111 周年管理论坛"主题演讲内容整理,原文刊发于微信公众号"管理的常识",本处有编改。

> 数字化给人力资源管理者们提供了一个全新场景，去重新站队，但这一次，没有现成的理论可以为他们提前赋能。

数字化是一个重新站位的历史变局
——判别数字化管理的几个观点

■ 作者 | 胡明　华彬航空集团副总兼人力资源总监

2020 年 10 月末，《中共中央关于制定国民经济和社会发展第十四个五年规划和二〇三五年远景目标的建议》正式发布，其中以 207 个字专门阐述了数字化，作为第 15 条单独列出，提出要加快数字化发展，推进数字产业化和产业数字化，提升全民数字技能。把握历史机遇，建设数字中国，以数字化作为高质量发展的重要动能，既是国家战略，也是大势所趋。

数字化自然也包括管理数字化，包括更为具象的人力资源管理数字化。本文在连续多年持续关注管理数字化发展变化的基础上，提出如下几个判别观点，供同行交流探讨。

观点一：数字化是一个重新站位的历史变局

1. 数字化技术正在重塑工作

新技术革命正在引发工作革命。工作的本质有四个关系，即劳动中的人与人关系、使用什么样的劳动工具、劳动者自由度的大小、劳动报酬如何分配。新技术已经并将持续改变这些关系，从而使工作革命成为必然。

数字化就是这样一种新技术，数字化已经在管理领域，包括人力资源管理领域，直接改变着上述四种关系，从而重塑着我们的工作。这样的例子已经有很多，我们实际上已经无须再用个别经典案例来佐证。我们的国家和社会，早在 10 年前甚至更早，就已经开始了数字化技术重塑工作关系的创新之旅，数字化技术重塑生产力，在移动互联时代引发工作革命，创造了弯道超车、换道超车、换车超车、变规超车等一流业绩。

从本质上讲，数字化是又一次生产关系的革命。从广义的角度看，数字化对于我们的影响、助推、变革，也是百年未有之大变局中的一个重要组成部分。历史，就这样把我们带到了一个谋变应变的场域之中。在这个变革和场域之中，有的人、有的企业、有的组织抓住了机遇，顺势而上，成为新一代佼佼者；有的人、企业、组织则陷于焦虑之中，彷徨不定。

2. 人力资源数字化的本质是人力资源变化

人力资源管理的数字化，如果从线下上移到线上起算，也已经进行了 10 年以上，人力资源管理在这个过程中，已经悄然进行了主导话语中心词的替换。

在线下为主的传统管理场景中，规则与标准化，规范多级、分工管辖的管理体系是我们追求的目标和一流先进管理的代表。传统管理所实现的接近最高境界是制度的一体化和管理模式的一体化。

在线上为主的数字化场景中，灵活多变、授权信任、赋能贯通则成为管理

的核心，数据的融通和基于数据的智能成为今天管理所追求的新境界。

这二者究竟有什么分别？人力资源的基础理论并未提供足够的解释力。可以说，**数字化给人力资源管理者们提供了一个全新场景，去重新站队，但这一次，没有现成的理论可以为他们提前赋能。**

本文认为，数字化的本质是变化。人力资源数字化的本质是人力资源变化。人力资源正在经历着历史性的重大变化，这是我们的共识，每个人、每个企业都将会在这个变局中重新站位，这个过程已经开始，并将持续，对此我们不需要质疑，更不需要焦虑。数字化正是这个变化中的一个闪亮的部分，不过，对于它的光谱、机理、结构、趋势，我们还有太多的问题需要破解。

当前，为支持新时代的人才需求，国家教育部门正在推动"新学科"建设，以新工科、新商科等"新 X 科"组成了应对变化的新学科教育，以培养各种新人才。人力资源管理领域，也亟待一个类似的新学科建设，可以暂时称为"新人力资源学科"，从学科建设的高度入手，研究变化机理，推动理论认识的深入，推动实践经验的总结提炼，这或许是通向人力资源管理数字化的一条必由之路。

观点二：数字化是人才能量聚合和释放的高效能方式

1. 传统的管理框架解决了能量聚合的问题，却没有解决如何释放能量

近年来，赋能成为一个热词，用以描述企业管理中的核心领域，为员工赋能，为客户赋能，是我们思考的新方向。

赋能之所以被广为接受，其中有一个关键性的、基础性的事实是，企业本身就是一个能量聚合体。企业的人员和资源，就是企业的市场能量来源。有能量才可以赋能，没有能量只能是口号。

传统的管理框架，解决了能量聚合的问题，但是，如何释放能量却是个大问题。从组织角度看，只有实现所需信息与力量的按需汇聚与整体释能，让信息力穿透管理实体以及各种阻隔之墙，形成信息力主导下的管理动能，才是数字化时代企业竞争和人才发挥作用的核心特点。可以说，**只有赋能，不会释能，等于浪费**。传统管理手段在能量层次的浪费比较严重，非不为也，实不能也。数字化则实现了，或者保守地说，初步实现了企业人才能量的聚合和精准释放，实现了通过信息、数据、轨迹的管控，更为精准地认知和把握管理。

2. 数字化管理可既"赋能"又"释能"

在数字经济时代人才培养的新趋势中，我们常说人工智能、大数据、云计算等新技术与人才管理结合，这种结合集中或者最终体现在"智慧化"或者"数智化"上。那么，对我们这些企业管理者而言，什么是管理意义上的人工智能，什么又是智能？本文认为，智能本身是一种能，智能是人与无机物或者人与非生命体的本质区别，即人与生产工具和生产对象的本质区别，劳动者与劳动对象的本质区别，尽管后者将具有"智能"，但不是天生的，而是劳动者赋予的，这是"赋能"的最基本含义。

本文作者在《人力资源管理互联网思维》一书中，曾提出四种"能"，分别是体能、心能、智能、和能。从管理角度看，这四种能就构成了企业，企业就是这四种能的聚合体。表1简要点出四能的内涵。

表1　　　　　　　　　四能的内涵

四能	内涵和层次
体能	人口素质（人力资源素质）、健康、员工个体先天和后天条件、基础生产力
心能	内心的力量、管理体验、组织文化、团队适应能力、生产力的韧性和爆发力
智能	知识、AI、专业、技能、社会体系和企业体系所培养的高级生产力、人力资源变化的主要部分
和能	团队、协同、联合、整体能力、人力资源变化的最大部分

我们需要密切关注新技术的"赋能"作用，特别是新技术通过极大地提升管理体系，包括人力资源管理体系的智能水平，从而将"智能"从员工个人，扩展到管理体系，从人的特质升级为组织特质，从而带来的生产力提升。有许许多多的案例已经证实，智能水平的提升，极大地提升了生产力，因为，组织智能的提升相对于单一的员工个人（通过培训的提升）智能提升，具有体系放大效应，提升是指数级的。人力资源数字化

的研究方向，应该将组织智能提升后所带来的组织协同、组织联合的整体能力，作为重点之一。

人类社会的高绩效组织，比如军队，已经将"联合"作为当前历史条件下战斗力生成的最主要手段和战斗力的最主要表现形式。解放军和美军在联合作战上的实践和探索，是企业（组织）"能量建设"和"能量释放"的有力借鉴。数字化为组织提供了更为精准的管理方式，智能化赋予组织更高级的生产力，可能将敏捷和精益更好地融合，从而创造出新的管理模式。回到人才管理，本文认为"人才的能量 = 质量 × 速度 × 要素系数"，其中质量和速度可以通过数智化倍增，而要素系数则是本文作者首次提出，其内涵另文叙述。

观点三：数字化是个无人区，需要界定问题域

数字化转型是一个相对于传统运行模式而言的"无人区"，很多企业所进行的数字化转型就非常艰辛。有统计数据显示，70% 的企业数字化转型并未取得预期的全部效果。数字化转型是一个蝶变，可以肯定地说，只有经历一次从里到外的重塑，转型才有可能成功。这个过程中，有没有"石头"、如何去摸着"石头"，如何"过河"，是我们必

须思考和解决的问题。

对于任何一门新科学，或者更具体地说对于任何新问题，确定问题域非常重要。人力资源管理数字化同样如此。**我们需要建立一个新的问题域，明确问题是什么，才能引导实践。**

比如，问题域包括：

● 数字化能否让管理更简单？

● 数字化能否让管理更人性化？

● 什么是更简单的管理？

● 怎样更好地运用能力？

● 如何用数据重建思维？

● 如何进行人力资源管理决策？

● 是否有更多的维度从而可以更全面地了解人与工作的关系？

……

如果这些问题具有经营管理上的真正价值，如果这些问题是"实事求是"的而不是臆想的，这些问题就是一个有意义的问题域，会引导我们更现实地破解数字化的问题。

将数字化、未来趋势、人力战略等关键词糅合在一起之后，我们就会发现，以谁为核心，即以谁为驱动力，谁驱动谁，将会造就完全不同的人力管理场景。如果以数字化为核心，则数字化就是未来趋势和核心驱动力，此时的人力战略就是三合一、四合一或者五合一。比如，人力战略和战略规划＝人力数字化规划＋人力信息化升级规划＋人力与业务融合的规划，人力战略和战略规划又可以等于在数字化体系支撑的"增人"计划，或者，在数字化体系支撑下的"不增人"计划。以数字化的要求重新审视人力管理。这些不同的变化和对策，本质都来自不同的问题域，即提出什么问题、思考什么问题、破解什么问题。目标对于方法具有很大的塑造力和影响力，在人力资源管理数字化之路上亦是如此。

观点四：数字化所体现的不是如何管人，而是如何理解世界、商业、管理和人

数字化对于很多人士和很多企业的价值，首先在于让我们重新思考：问题是什么？我们发现，问题域变了。在历史发展的大趋势面前，如何保证不站错队？

我们在面临数字化问题的时候，需要解决几个层面的问题。

第一个要解决数字化的生产关系和数字化的生产力。第二个要解决数字化的思想、数字化的思维、数字化的理念、数字化的价值观。第三个要解决数字化的管理体系、数字化的战略体系、数字化的领导力体系、数字化的管理体系、数字化的执行体系。第四个要解决人的数字化的重塑问题。

以上这些问题，从实践的角度看，有一个非常重要的出发点，即我们要重新认识生产，因为生产是一切问题的根源。我们经历了多年的传统管理之后，在生产模式既定的情况下，人力资源管理的思考起点一般是生产，而更多地从组织开始，产生了大量的重新思考组织、重新思考公司（商业组织）、重新思考团队（亦是组织），但是，**数字化要求的是从重新思考生产开始**，如此才能穿透问题之墙。在数字化造就的问题域面前，生产与组织中间有一条线，之上是根本，之下是迷雾（见图1）。

数字化之旅必然从对许多重大问题的重新思考开始，许多的企业管理者、数字化实践者，已经不止一次地讲到，不同的组织模式，意味着不同的产品交付方式，体现出

重新认识生产（根源）	穿透问题之墙，之上是根本，之下是迷雾
重新认识组织（载体）	
重新认识人才管理（可控）	
重新认识管理动作（可变）	

图1　穿透问题之墙

不同的用人模式，具体到不同的用人成本，这些不同，都来自对世界／商业／技术／人的认识和理解，来自不同的企业所选择的不同的数字化路径，和不同的数字化方法论。

这个数字化转型链条的核心在于：将什么作为中心。有的企业始终将为客户服务作为核心，发现客户的需求，为客户服务，把客户的需求变成自己的目标，就是把握住了数字化的核心，从而也就能够顺利贯穿认知和理解之墙。有的企业将自己的员工称为"builder"，赋予员工更大的自由度，从而协同行为，从内部打破管理的问题之墙。有的观点认为，"90后""00后"的青年人"自带数字化基因"，这个观点颇有意思，也很有价值，其实，任何基因都是遗传和变化的结合。我们每个人都具有接受新事物的潜在能力，"90后""00后"们，把这些潜在能力变成现实。他们可能不太需要"穿透认知之墙"，因为，在很多的时候，有很多的"墙"其实来自我们自己的固有偏见。

越来越多的实践者认为，数字化要解决战略、业务条线和员工的问题，人力资源的数字化同样如此，也就是要解决公司战略、公司的业务条线与全员的问题，打破各种壁垒，实现人与人、人与组织、人与事、人与变化的适格融通。🆔

注：本文作者为华彬航空集团副总兼人力资源总监。作品有《人力资源管理互联网思维》《人力资源管理大数据》《人工智能时代的人力资源管理》。

教练才是激发一个人潜能的最好手段。

教练型领导才是领导力的未来

■ 作者｜薛冬霞 华夏基石集团高级合伙人，鲁东大学讲师

有管理学家说，16世纪时人们把所有不可理解的事件归因于上帝，庄稼没有收成？是上帝。为什么某人会死？是上帝。而现在人们对所有问题的解释都归于领导。当一个组织成功时，人们需要对某个人进行赞赏，这个人通常是领导；当一个组织出现问题，人们归结问题的根本症结时，通常也会归为领导。

"绩效好不好，关键看领导。"尤其是在不确定性的环境下，在巨变时代，领导对于企业的作用，可以说是"成也萧何败也萧何"。因此，这几年企业对于提升领导力的需求尤其强烈，各种领导力培训班也层出不穷。

但是，究竟什么样的领导才是好领导，或者说是能满足需求的领导？通过梳理管理学领域领导力研究的四个阶段，结合时代发展的要求，我们说教练型领导或将成为领导的核心素质能力。

领导学研究的四个阶段

第一阶段，领导特质理论阶段。这个阶段，人们认为那些成功的领导人身上一定有着一些独特的魅力。学者研究了一些享誉世界的领导者，比如甘地、曼德拉、乔布斯等，期待从他们身上提取出一些共同的特征，作为未来选择和培养领导的依据。但遗憾的是，不同的研究得出的结论并不完全相同。当学者对诸多研究进行综合分析之后，发现在所有的特质中，有六项特质出现的频次较高，分别是雄心和精力、领导的意愿、正直和诚实、自信、智慧以及与心理相关的知识。

特质理论不仅没有统一的研究结果，还受到外部的质疑，其中非常重要的一点是因为这些研究的对象都是大名鼎鼎的领导者，那到底是因为他们成了领导从而拥有了这些特质，还是因为他

们拥有这些特质而成了领导，这中间的因果关系很难区分。另外，人的特质是相对稳定的，但是他领导的组织绩效却是变化的，如何去评判他的优秀与否呢？

第二阶段，行为理论阶段。因为特质理论解决不了人们的疑惑，所以就有了领导理论的第二个研究阶段——行为理论阶段。

行为理论的初衷是领导者身上是不是有着某种具体的行为表现，这种行为表现对组织绩效来讲是有效的。如果人们能够找到有效的领导者行为，然后在有效的行为方面进行培养，这样就可以成为有效的领导者。

这方面的研究很多。总体上来讲，它们是把领导者的行为分成了两个维度：关注人还是关注事。关注人，指的是承认人和人之间的差异，并关注组织中的人际关系和体验，考虑下属的个人兴趣，注意组织中和谐关系的构建。关注事，则是以完成目标为导向，关注事情的进展和任务的达成，并且把员工视为达到目的的手段。最后的研究结果表明，那些既关注人又关注事的领导，可能会比其他的领导方式更加有效，员工能够获得更高的工作绩效和更高的满意度。

但是随着研究的深入，人们发现并没有充分的证据表明，那些既关心人又关心事的人，在所有情形下都是有效的。也就是说也许在某些时候，需要更关心人，但在某些时候，事务的完成必须放在优先位置。比如在战争年代和和平年代对领导力的要求是不一样的。

这个最典型的案例莫过于丘吉尔，这位在"二战"期间，以钢铁般的意志带领英国人民走出战争的英雄，却在战争结束之后，在大选中惨败，被人民抛弃。以至丘吉尔后来引用古希腊作家普鲁塔克的话说："对他们的伟大人物忘恩负义，是伟大民族的标志。"以表安慰。

行为理论对领导行为做出一定解释，但是他面临的一个困境是有些领导可以在某些时候获得成功，但在另外的时候，他可能并不一定能够获得成功。

第三阶段，权变理论阶段。随着领导研究的深入，人们发现领导的有效性不仅取决于领导是一个什么样的人、他做出什么行为，领导的有效性还与他所处的环境有关。这样就带来了领导研究的第三个阶段——权变理论阶段。权变理论说的是领导的有效性一定要与他所处的情境结合起来，这些情境包括领导和成员的关系，领导对下属的信任，下属的成熟度等方面。

比如对高意愿高能力的人来讲，最好的领导方式是充分授权；对高意愿低能力的人来讲，是给予一定的辅导与支持；对高能力低意愿的人来讲，是给予鼓励和激发。

除此之外，有效的领导方式还与任务本身的特点有关系，它是常规化的还是非常规的；任务的复杂程度如何等方面。

权变领导理论认为只有把领导的风格与具体的情景相匹配，才可能得到满意的结果。

> 权变理论说的是领导的有效性一定要与他所处的情境结合起来，这些情境包括领导和成员的关系，领导对下属的信任，下属的成熟度等方面。

尽管权变的领导理论加入了情境因素，在一定程度上增强了解释力，不过它依然受到挑战。首先，按照这个理论的观点，领导者的个人风格是稳定不变的，但是组织所处的环境则是不断变化的，那如何实现领导和环境的匹配呢？不管是替换领导适应情境，还是改变情境适应领导，在现实中都难以操作。其次，这种理论需要考量诸多因素，而有些因素的识别是有难度的，比如领导者和成员的关系，双方的认知并不对等，领导者可能会认为他很信任下属，而下属对这种信任可能并没有同等的感知。

比如，笔者有一次在管理咨询项目的访谈中，问领导者对某下属的信任度和亲和度，领导认为的信任度是8分，亲和度是7分，但下属的感知分别是4分和3分；另外下属对领导的信任度和亲和度分别为3分和2分。

因为权变领导理论的一些局限，领导理论发展到新的阶段。

第四阶段，多元领导理论阶段。目前有多种领导类型的提法，比如变革型领导、自恋型领导、服务型领导、辱虐型领导，等等。有的领导类型已经有大量的研究表明对组织绩效有着正向影响，比如变革型领导；而有的则被研究表明对组织有负向影响，比如辱虐型领导。

但在所有领导类型中，有一类领导不仅在研究层面，更在实践层面受到了广泛关注，这就是教练型领导。有大量的研究表明，教练型领导在改善员工心智模式，促进员工成长以及提升员工绩效方面成效显著。据最近国际教练联盟（ICF）的调查数据显示：在回报率方面，对高管进行一对一教练，提升收益达到3.44倍，团队教练的收益是7倍。

现在有很多的专业机构，为组织提供教练型领导方面的培训，推动企业领导模式的转型，打造教练型领导力。比如碧桂园，2020年开始教练型领导力的培训与辅导；华住集团，从2012年开始在组织中推行教练文化；滴滴出行目前正在进行教练型领导力辅导。

为什么教练型领导更能代表未来
（一）教练型领导与传统领导的区别

教练型领导是通过与下属建立信任和亲和的关系，通过聆听和提问的方式，挖掘下属的潜能，推动下属自己找到问题解决的方案，并实现个人成长的领导方式。

教练型领导与传统领导最根本的区别是对下属的信念不同。教练型领导认为每个人都是OK的，每个人的想法都有积极、正向的一面，员工解决不了当下的困难，只是因为他受到了某些干扰，领导只要帮助员工去除这些干扰的因素，员工本身的潜能就会释放出来，就会推动他达到目标。

教练型领导的思维基于目标导向，面向未来。更关注员工想要的是什么？为什么想要？员工准备如何得到自己想要的？更多关注员工内心的渴望与优势，帮助员工厘清目标，激发员工实现。而传统领导的思维是基于问题导向，面向的是过去和现在，关注现在出了什么问题？问题的原因是什么？如何解决问题？这样的领导本质上对员工是不信任的，这种不信任会被员工感知，并影响员工的能力和积极性的发挥。

（二）教练型领导的三种技能

1. 聆听

聆听是教练型领导能力中最基本的一项，没有全方位、深度的聆听，就没有教练型的领导力。聆听貌似每个人都会，但是只有经过刻意的训练，才能达到一定的聆听能力。

聆听可以分为三个层次。

第一层聆听被称为自传式聆听。聆听者的关注点在聆听者自己身上，用自己的认识、理解、情绪去评判对方的话，并急于下定结论，具体的表现是：

一边听一边演绎，以为自己知道了。下属刚开了个头，领导以为自己就知道了下文，打断、终止谈话。

一边听一边批判否定。在信息非常有限的情况下，觉得下属的想法是不对的。

选择性地听自己想听的。从下属叙述的诸多信息中，选择性地听自己想听的，忽略自己不想听的。

假装在听。貌似在听员工的话，但是思绪早已云游四方。

这个层次的聆听，占目前领导的绝大多数，它会让员工觉得自己没有得到充分的尊重与理解，从而丧失对工作的热情与责任感。

第二层聆听被称为聚焦式聆听。这个层次的聆听，听者全部关注点在对方身上。你能够注意到他说了什么，也能够注意到这些的言谈背后那些没有说出的感受和期待。

当一个人在被第二层次的聆听听见时，他会觉得自己被尊重、被关注、被看到的。

第三层聆听被称为全方位的聆听。这种类型的聆听，领导者会以忘我、开放的、不评判的态度听取员工的所思所想，不仅听员工所表达的内容，还能够听到员工背后的情绪，对事件所怀有的信念和假设、渴望，从而更多地去理解员工，了解员工背后的意图，从而最大限度地激发、支持员工，为员工赋能。

2. 提问

教练型领导会通过提问打开对方的心扉和思维，找到问题的解决之策，从而让对方感觉到一种支持，可以挖掘出更多不同的观点，创造出双赢的关系。也可以通过提问，帮助对方产生新的觉察、看到自己的盲点，从而从内在生发出力量去解决问题。

教练型领导的提问需要有目标、有力度、有温度。有目标指的是提问必须围绕着想解决的问题进行，而不是漫无目的；有力度指的是能够通过提问发现表层背后真正的问题，认识问题的本质与真相；有温度指的是需要关注对方的情绪，不至于激起对方的逆反与防御心理，从而真正去解决问题。

提问的技巧有如下几项。

基于时间线的提问：

如果站在三年以后看这个问题，你会和现在有什么不一样？

如果这件事得到了圆满的解决，那时的你会是什么状态？

如果你实现了你的目标，你可能的突破会出现在哪里？

"假如"框架的提问：

假如你是哪个明星员工，你希望自己怎样被管理？

假如你是公司的老板，你会怎么看这个问题？

假如你处在你领导的位置上，你会怎么处理？

5W2H 的提问：

你准备什么时候开始行动？

在开始行动之前，你还需要做什么准备？

你认为在实现目标的过程中，需要关注哪些事项？

有谁可以来支持你？

……

3. 反馈

任何一个成年人，在长期的教育与社会化的过程中，都形成了自己特有的思维模式、行为模式、语言模式，这些模式一直伴随我们，甚至以我们没有觉察到的形式在运转，并影响甚至决定着我们的人生，只是我们不知道而已。

古人云："以铜为镜，可以正衣冠；以古为镜，可以知兴替；以人为镜，可以明得失。"在一个人的思维领域，也是需要一面镜子的，领导者以他们所处的位势，更容易帮助下属。

一个人只有知道了自己认知方面的盲点和行为模式存在的问题才可能改变，正如只有一个人发现自己衣冠不整，才会去整理。教练型领导就是通过对他人的反馈，让他人看到自己，从而产生新的觉察，促进行动的改变。

教练型领导的反馈包括以下几个方面。

反馈思维模式：比如半杯的水，通过反馈下属看到的是半满还是半空的，让他觉察自己的思维模式。

反馈行为模式：比如通过反馈下属经常做事虎头蛇尾，帮助他看清自己。

反馈情绪与感受：通过反馈对下属情绪和感受的认识，促进下属对自己新的觉察。

（三）教练型领导力的三大工具

1. GROW 模型

GROW 模型可以被视为教练领域最重要的模型，只要涉及自我认知、激励和发展的领域，都可以用这个模型。这个模型具体的解释为：

Goal（目标）：设定目标。比如明晰想要实现的目标是什么？

如果不采取行动，会有什么后果？

为什么这样的结果对你来说是重要的？

Reality（现状）：根据其现状找出其关键原因。简言之，现在的情况是怎样的？

你做了哪些努力？结果怎么样？

做成这件事，需要哪些资源支持？

别人会用什么不同的方式来描述现状？

要达成目标，需要跨越哪些障碍？

Options（方案）：根据现状和目标的差距来选择方案。

想象一下，你可以做什么来推进这个问题的解决？

反思你解决这个问题的过程，你会如何改进？

有没有哪些方案是你特别感兴趣需要进一步深入思考的？

如果根据目前的这些方案开始行动，你会首先做什么？

Will（有意愿的行动）：找到切实可行的行动步骤。

你会怎么做？

你准备什么时候开始？

你如何检视自己的行动？

2. 欣赏式探询

传统的领导总是习惯于去识别问题，提出方案，再通过方案解决问题。而欣赏式探询则聚焦于目标而非问题，并通过对曾经的成功事件的探询，寻找与发现实现目标的积极想象从而去触发正面的改变。

欣赏式探询的基本理念是：无论在

哪一个组织、社团或者个人身上，总有一些美好的方面，这些美好的方面如果没有得到关注，就会贬值，甚至损耗殆尽，对美好与积极的一面关注越多，我们就会收获越多。

我们携带的画面越积极，我们就越有可能进入这些画面。积极的画面会带来积极、持久的行动。在组织变革中采取欣赏的态度有助于正面影响变革的情感，在组织中创造积极情绪的上升螺旋，积极情绪增强了一个人或一个组织实现其对未来积极画面的能力。

欣赏式探询的流程有四步。

发现：从过去的成就事件中，发现了什么样的品质或者卓越性？

在你的组织、部门、团队中，曾经有哪些高光时刻，让你感觉到最有活力、最成功、最有效？哪些是你觉得对你、对你的工作以及你的组织最重要的？

是什么核心因素，让这个组织可以以最好的方式运作，让人觉得这是一个绝佳的工作场所？

梦想：带着你刚才的发现，你觉得未来你可以实现怎样的梦想？

未来8~10年我们的组织会变成什么样子？

站在过去成就的基础上，你觉得可以有一个怎样的梦想？

设计：带着你的发现和梦想，你准备怎么做？

你觉得通向梦想有哪些路径？

你怎么做来实现你想要的目标？

实践：在你的计划中，你准备先做什么？

你可以找到哪些资源？

你准备什么时候开始行动？

如果在行动中出现困难，你准备向谁寻求支持？

3. 逻辑思维层次

NLP（神经语言程序，Neuro-Linguistic Programming）领域的大师罗伯特·迪尔茨把人的逻辑思维分为六个层次，形成了被称为"逻辑层次"分析工具（见图1）。他认为人的逻辑层次从下到上分别为：环境层（关注的是外部环境的好坏）；行为层（关注的是他人的行为是否达到预期的效果）；能力层（关注是否具备做某事的能力）；信念/价值观层（关注对方持有的信念和价值观）；身份层（关注一个人是如何看待他自己以及对自己的定位）；愿景层（一个人与他所处的系统是一种什么样的关系）。

这六个层次，下面的层次相对较低，出现问题容易解决，上面层次相对较高，出现问题较难解决（见图1）。

图1 逻辑思维的六个层次

一个人思维层次的上限决定了他的高度和解决事情的能力。比如一个人最高的思维层次在行为层，他认为自己生活困顿、窘迫原因是自己不够勤劳，不够节约，那他的表现就是努力劳作、加班加点。但如果在能力层，他就会去提升自己的专业能力，实现个人价值的增值。

对不同的人来讲，在一个低维视角的人眼里无法解决的问题，在一个高维视角的人眼里则轻而易举，甚至连问题本身都会消失。

教练型领导者，善于给员工升维，帮助员工看到自己所看不到的，通过思维层次的拉升，提升员工能力。🅱

十月论坛

CHINA STONE ▶▶

"双循环"新格局下，未来的中国经济将是六大形态：金融经济、实体经济、文化经济、服务经济、科技经济、环境经济。

——魏杰

樊代明 中国工程院院士
原第四军医大学校长、博士生导师
教育部长江学者特聘教授

健康发展，需要呵护"自然力"

黄卫伟 中国人民大学商学院教授、博士生导师
华为首席管理科学家
华夏基石集团领衔专家

克服阻碍企业领先的路径依赖

彭剑锋 华夏基石集团董事长
中国人民大学劳动人事学院教授、博士生导师

数智化转型与组织新能力建设

魏 杰 清华大学经济管理学院教授、博士生导师
著名经济学家

"双循环"重大战略背后的五个核心逻辑

吴春波 中国人民大学组织与人力资源研究所所长、教授、博士生导师
华夏基石集团领衔专家
华为资深管理顾问

华为向中外军队学到了什么

健康发展，需要呵护"自然力"

作者 | 樊代明

经历了新冠肺炎疫情，每个人对防范疫情、企业发展、员工健康保障等工作之间的冲突与协调应该都深有体会。我们的企业会遇到这样或者那样的问题，常常面临"布里丹选择"困境，但选择健康发展肯定错不了。

一、病毒有多狠、人类有多能

一场突如其来的新冠肺炎疫情，惊心动魄，有很多荡气回肠的故事，也有很多争论。我也想了很多，最终的结论是：防疫要常态化。常态是频度，那长度要多长？要回答这个问题，就要知己知彼。"彼"，就是病毒有多狠。人类近200年来遇到的恶性传染病，如霍乱等，曾经使欧洲一个又一个国家在一周内死掉1/2或者2/3的人口；新冠病毒目前全世界的死亡率是2.5% ~ 2.6%，但它却让世界停摆，成为世界难题。一个重大的原因是人类文明发展到今天，科技上去了，而保证健康的医学可能没有跟上。"己"，就是人类有多能。病毒还在，特效药没有找到，疫苗还没有完全成功，病毒依然是那个病毒。即使

未来这个病毒解决了，它的"大哥、二哥、大舅、三舅"也许还在后面等着，病毒也不是孤军作战的。面对病毒，医生能做的其实很有限，几乎所有手段都是在增加人体的抵抗力，对病毒没有直接作用。除了突如其来的传染病之外，更多时候我们要面对的是慢性疾病。威胁面前，单个国家单个地区的单打独斗、单个专业单个专家的单打独斗、单个技术单个方法的单打独斗都将力不从心，我们只有创建整合型健康服务体系，才能迎接未来的挑战，才能落实健康中国的伟大战略，从而在呵护人类健康的伟大事业中走得更准、走得更好，才能"任凭风浪起，稳坐钓鱼船。"

实现整合型健康服务体系，需要各行各业的整合，这次疫情防控能取得巨大的成功，有科学和医学的贡献，但最大的贡献，是我们的社会管理发挥了重要作用，比如任何药品都没有口罩的作用大。除了整合，最关键的就是人体的自然力。科学引入医学以后，人类尝到了甜头，但科学没有进入医学之前，看不见病毒和细菌，那个时候只知道一切

病因都是外在病因和内在病因，以提高人体自然力为主要方向。病毒都有抗药性，比如肿瘤细胞没被杀死，人却死了的情况比比皆是。过去我们极力寻找病因和致病机理的可能性，现在应该有所转向，要转向自然力。

二、自然力的 7 个内涵

什么是自然力？举个例子，武汉防疫期间，中医中药把有些病人治好了，中药并不抗病毒，至少目前没有这种证据，但它使部分轻症不向重症转变，靠的就是自然力。以前我们以为自然力就是抵抗力，就是病毒、细菌来了，把它们排出去，其实不然，人体的自然力有很多方面。

（一）自主生存力

每个人都是受精卵发育而成，而且长得"人模人样"，身体器官人人一样；动物也是由一个细胞长成，狗绝对长不成羊；一粒种子可以长成参天大树，且树与树是不一样的。细胞能够长成人、动物和植物，力量就来自自主生存力。有时我们会看到一些树的周围用钢筋水泥弄成一个圈，把它盖住，但树长着长着就把水泥彻底撑开了，这力量有多大！干细胞和生长因子就起到这个方面的作用。

生命失衡就是得病，恢复失衡就是治病。有升高血压的就有降低血压的，有升高血糖的就有降低血糖的，父母全都给我们配齐了。

（二）自相耦合力

自相耦合力就是系统与系统、器官与器官、细胞与细胞之间的相互帮助和调和。举个例子，马拉松比赛要得冠军，得使劲跑，但是光跑不行，一定要心脏跳动速度快和呼吸速度相辅相成，如果心脏不跳或者跳得慢一点，就会猝死。

（三）自发修复力

物体坏了一块是长不起来的，但人体、动物体、植物体坏了是会长起来的，功能也会恢复。长平后就不长了，继续长就成了疤痕，再继续长就成了肿瘤。所谓肿瘤，就是自我修复过了头，局部哪个地方长过了头哪个地方就是癌。

（四）自由代谢力

每个人每天都在翻新，今天见到的你绝对不是去年见到的你。因为你在吃饭和吸氧气，细胞和细胞里的物质天天在变。人体代谢就是迎接体外的挑战和满足体内的需要。有人说，我就是保持原样，痴心不改，还是去年的我。那这个人就是躺在棺材里头的人了，因为没有自由代谢力。

（五）自控平衡力

生命失衡就是得病，恢复失衡就是治病。有升高血压的就有降低血压的，有升高血糖的就有降低血糖的，父母全都给我们配齐了。如果血压高了，高得太厉害就会影响生命，把它压一下是可以的。但如果老去压，时间长了，降低血压的能力就没了。血糖也是一样，如果老去压，自己降血糖的能力就没了，这叫作胰岛素抵抗。因此，无论是抗高血压的药还是治糖尿病的药，从吃药那天起就要一直服用，哪天不吃，哪天就上去了。这种现状是医生和病人双方共同造成的，但并不一定是正确的结果，要考虑下自己身体的平衡力问题。

（六）自我保护力

病毒和细菌进入人体，就得把它排出去，这是对的，因为它们不是我们"自家"的。但如果自己的平衡出了问题，这种对抗恐怕就不一定对。所有疾病的症状都是保护我们，要咳嗽，不咳痰不行；腹泻，不把坏的东西泻出去不行，如果都把这些保护自己的表现当作症状，当成疾病来治，最后就会削弱身体的抵抗力。当然，咳嗽、腹泻得太厉害，不止咳、不止泻也不行。

看待病毒和细菌，要适可而止。人类历史才 400 万年，细菌和病毒却有几亿年的历史。初始人类出生的时候，病毒和细菌是给了我们"准生证"的。到现在，有了病毒和细菌，你要把它消灭，恐怕多数是杀不死的。这是因为人体和细菌病毒的平衡是相互间协调的结果，比如人类要出生，必须要像孙悟空一样钻到肚子里占一块地方。所以人体肠道里的细菌、病毒有三斤重，这是我的专业判断。没有这些细菌，所有的人都活不了。当然，细菌没有我们，也活不了。这是一个共生的状态。人寄生在细菌之中，肚子里头全是细菌，体表周围全是细菌，就是戴上口罩，鼻腔、口腔里头也还是细菌，剩下的几大块肌肉和骨头也寄生在细菌中。人的基因中有 8% 左右是病毒的基因，这是查出来的，没查出来的应该还有不少。

我们的老祖宗很聪明，他们与细菌病毒和平相处，于是有了我们，所以共生和共赢才是正确选择。人类与细菌病毒的战斗，从来都是三种结果：细菌病毒死，人活；或者人死，细菌病毒活（这两种都非常短暂），最终是在战斗中通过相互协调，使细菌病毒和人同时活。比如一对夫妇，一个得了艾滋病，另一个没得，两个人在一起，可能另一个根本不感染，这就是人类。

（七）精神统控力

人与其他动物不一样，与低级动物更不一样。人类的眼不如鹰、鼻不如狗、耳朵不如蝙蝠、双腿不如猿猴，但是人类把它们通通搞定了，靠的就是聪明的大脑。人类的大脑会思考，产生的精神力量是无穷无尽的。比如在战场上，一个士兵要去占领敌军阵地，一喊"冲啊"就冲了出去，旁边一个人说，老兄你的肠子掉出来了，那人一看肠子掉出来，一下子人就倒了。如果不告诉他，保证还在往前冲，这就是精神的力量。所以有的人得了癌症，如果不告诉他，精神的力量在，活得很长，一告诉他，马上就不行了。这就是精神统控力。

三、自然力让自身更强大

现在强调自然力是很有必要的，因为忽视自然力的表现比比皆是。比如说晚期肿瘤，我们都是去做手术、放疗、化疗，能杀则杀，我天天做临床，看到有些人没做化疗还好，一做化疗就不行了。因为杀肿瘤的同时，也在损伤人体：手术是机械性的损伤，化疗是化学性的损伤，放疗是物理性的损伤，生物治疗是生物性的损伤，再加上还可能有心理性的损伤。本来抗瘤就抗不住，还有这么多的损伤，就会损伤自然力，生命被缩短。

有人会问，肿瘤本身那么小，怎么会导致人死亡？其实，很大一部分原因是其他器官，比如心脏、肾脏或者肝脏不行了，才导致死亡的。肿瘤本身可以产生大量的毒性物质。所谓毒性物质，本来都是正常的物质，是身体本来就有的，但是剂量发生了变化，有的多有的少，就成了毒性物质，从而毒害心脏、肾脏、肝脏等。所有的治疗方法——手术、放疗、化疗，对于肝脏、肾脏、心脏、大脑、肺脏等都会带来损伤，我们在治疗肿瘤的同时常常没有充分考虑这些损伤。

我是中国抗癌协会的会长，现在对于治疗肿瘤有一个大的理念转变，除了要杀肿瘤以外，更要呵护其他器官的健康。就像肾脏长了肿瘤，更需要呵护肾脏，所以我们有了肿瘤肝脏病学、肿瘤心脏病学、肿瘤肺脏病学和肿瘤内分泌学，等等。中医治疗肿瘤，不杀肿瘤，带瘤生存主要为了呵护正常器官。

总的来看，疾病是病因与正常人体交织斗争的结果，去打敌人，这是对的，但是只能作为对照组，将来病毒、细菌、肿瘤用手术刀和药片解决不了的时候，就要靠人体自己有充分全面的能力对抗它。现在我们要迎接新的挑战，医学应该回到人体自身的自然力，把研究、认识、检测、呵护以及增强自然力，作为未来医学的主要方向，才能走得更远。

同时，人类要活得更长、活得更好，只能回到人体的自然力，药品的、器械的、锻炼的和心理的方法都要回到这个方面，才能应对将来的挑战。这就好比战争中敌人很难对付，我们去分析对方有多少部队、多少坦克、多少大炮，只是一方面的工作。更重要的是，我们要把自己变得非常强大，拥有充足的兵力、充足武器，自然就能胜出。🔲

克服阻碍企业领先的路径依赖

■ 作者 | 黄卫伟

管理是一个很简单的事情，就是把一些简单的常识做到极致。在当前逆全球化的趋势、劳动力和生产要素价格的上涨、"赢家通吃"的互联网企业的颠覆性创新等大环境下，我国中小企业的生存空间正在被挤压，路径依赖成为我国中小企业变革的障碍。所谓路径依赖，就是制度和思维方式演变的惯性，这是最难改变的。当前，中小企业变革的方向靠转型不是个正确的选择，聚焦、做好本行才是正确的选择。

一、中小企业路径依赖的几种模式

一是性价比思维模式。我国中小企业的路径依赖，形成于我国经济高速增长期间的人口红利和巨大的市场。本来可以有多种方式实现高性价比，比如降低成本、降低价格；提高质量；适当增加成本等，都可以带来高性价比。但是，由于我们性价比的路径依赖或者思维惯性，通常是靠牺牲质量，以低价追求所谓的高性价比。

二是开荒模式。就是打一枪换一个地方，比如头一年开荒，利用土地原来的肥力，庄稼长得还可以，但第二年产量就降一半，第三年的时候能把成本收回来就不错了，然后就是严重的水土流失，最后迁移到其他地方。这种开荒模式从企业来看，有一个形象的说法，叫作"蓝海战略"。我不认同蓝海战略，西方创业管理上有一句话格言"如果你认为自己想到一个好主意，别人也一定想到了"，这就是一个非常普通、非常浅显的道理和事实。所以，企业要珍惜现在进入的产业，还活着、还在运转是最重要的，不要这山望着那山高，而是要把自己已经进入的产业做好。

三是贸工技模式。二三十年前，这是中国企业发展流行的模式。做贸易门槛很低，进去以后赚到第一桶金，然后往工程、制造领域延伸的时候，会发现比贸易难得多，也复杂得多。而到了"技"这个层次，就要创新，比工程、制造更难，贸工技模式几乎没有成功的。许多企业走上这条路后，今天基本上已经是一个平庸的，甚至可能是无药可治的企业了。因为已经形成了路径依赖、思维定式，摆脱出来很难。没有掌握核心技术，被困在产业链下游的企业比比皆是。

四是狐狸式思维模式。古希腊诗人阿尔基洛科斯有一句诗："狐狸多知，刺猬有一大知。"哲学家们把这句话作为人类思维方式的基本分类，就是人的思维方式无非就是两种：一种是狐狸思维模式；另一种刺猬思维模式。狐狸追逐多个目标，其思维模式是零散的、离散的，而刺猬目标单一、固执，其思维坚守一个单向、普遍的原则，并以此规范一切言行。

二、中小企业走出路径依赖的标杆

隐形冠军模式是中小企业走出路径依赖的标杆。走出路径依赖，可以学习借鉴一些德国中小企业里的隐形冠军模式。比如，福来希（Flexi）公司，占有伸缩狗链世界市场的 70%；伍尔特（Würth）公司，螺丝、螺母等紧固件的世界领导者；旺众公司（Wanzl），行李手推车和购物手推车的全球领导者；格罗茨-贝克特公司（Groz-Bekert），全球缝纫机针市场领导者；海曼公司（Smiths Heimann），全球领先的行李和货物检查 X 光机制造商，等等。截至 2018 年，德国的隐形冠军企业有 1307 家，美国是 366 家，日本是 266 家，中国是 68 家，所以中国的中小企业还有巨大的成长空间。

你不是赢得了银牌，而是输掉了金牌。

在经济学上有一种理论，认为企业之间的竞争实际上是争夺市场垄断地位的竞争，每个企业都试图在自己所聚焦的细分市场上获得垄断地位。有一句著名的广告语："你不是赢得了银牌，而是输掉了金牌。"对于顶尖企业来说，思维方式是只重视金牌，一定要夺取金牌。所以，领先是企业长期生存的最可靠的基石。

如何才能让企业处于长期领先地位？

一是树立在利基市场上领先的宏伟目标。只要企业树立了领先的目标，就是宏伟的目标。取乎其上，得乎其中；取乎其中，得乎其下；取乎其下，则无所得。目标定得高，取乎其上，能够有一半的成绩就不错了。利基市场就是一个细分市场，如果在这个市场上，实力还不能领先，就把这个市场再进一步细分。

二是坚持压强原则。在资源投入上实行压强原则，是向华为学的，这是华为成功的关键。华为的压强原则就是把有限的资源集中到更少的选择上，这样就把整体的规模劣势、资源劣势，转化为局部的点上投入强度的优势。先聚焦在一个点上去突破，然后再去深入和扩展，这点直到今天仍然是华为战略。

压强原则更大的意义在于，从一个纵深点上突破，但在一个纵向面上收获。企业在资源投入上，实行压强选择，先聚焦一个产品或者在一项业务上做到领先。只有一项产品或者在一项业务真正领先了，才能检验管理系统、管理哲学、

管理队伍是不是世界领先的。哪怕是很小的产品上做到世界第一，或者做到行业第一，就检验了核心能力。真正领先以后，会发现最有力的扩张模式，不是靠资本并购的横向扩张，而是靠核心能力的纵向或者相关领域的管理。

三是战略力量不应消耗在非战略方向上。在美国的打压下，华为2019年销售收入增长了10%，达到了1230亿美元，2020年前三季度增长率是9%，不出意外，华为将来是要被写在世界科技史上的。而且从人力资源的角度讲，华为在薪酬上基本上达到了一种最佳状态，人均薪酬业界最佳，而薪酬总额占销售收入的比例又具有成本竞争力，这是真正做活了，达到了所谓的"自由王国"。

华为能够做这到这一点就是因为长期聚焦，长期聚焦的结果就是劳动生产力大幅度提升。越聚焦，这个市场规模越有限，怎么解决聚焦和规模增长的问题？就是到世界上找市场，这个也是华为成功的关键。

再有，就是华为在战略上有一个非常有名的说法，原话是"战略竞争力量不应消耗在非战略机会点上"，我简化为"战略力量不应消耗在非战略方向上"。中小企业特别要注意的是，企业

资源是有限的，但是比资源有限更严重的问题是资源没有配置到战略上。

三、中小企业走出路径依赖的机遇

第四次工业革命对我们的社会、对产业发展而言，是百年未遇的大变局，将产生极其深刻的影响。我们看到中共十九届五中全会提出，加快构建以国内大循环为主体、国内国际双循环相互促进的新发展格局。国内大循环怎么循环起来？得有需求，经济学家都在说扩大内需，但是怎么扩大内需？靠什么扩大内需？老百姓兜里得有钱，得愿意花钱。所以，增加消费需求的关键，在我来看是提高劳动生产率。这意味着什么？就是提高劳动创造的剩余价值，增加消费需求的关键就是提高劳动生产率。

提高劳动生产率的关键是创新，而创新的关键是专注。所以，最终国内大循环成功的关键在于每个企业、每个人的专注上。企业做一件事，就要做好一件事，做精一件事，做到最好，做到世界上去。中国有 1.2 亿的市场主体，其中有 4000 多万家企业（其他是个体、小微经济体），这个也是很令人尊敬的。不管企业大小，敢于进入竞争的环境中，这样的企业都让人尊敬。这么多的中小企业，每家做精一件事，服务全球客户，中国就是繁荣富强的伟大国家。

最后，充分利用第四次工业革命的机遇和创新，还表现在利用数字化、智能化，提高劳动质量和提高劳动生产率。🔟

数智化转型与组织新能力建设

■ 作者 | 彭剑锋

数字化、智能化将真正改变人类的生活方式。同时，数智化转型升级给中国企业带来了全新的机遇。

一、数智化转型的三个基本观点

（一）数智化转型不仅仅是一种综合技术的应用，更重要的是意味着人类社会进入了全新的时代

人类文明如果分三大阶段，农业文明三千年，工业文明三百年，智能文明就是五六十年的历史，而真正的数字化、智能化也就十几年的历史。农业文明中国可能领先了一大半时间，随后在工业文明上落后，大概落后 100~150 年，甚至 200 年。现在，某种意义上讲，我们跟世界是同步的，尤其数字化、智能化在日常生活应用层面上，中国是超前的。数字化、智能化是适应海量的、碎片化的、实时的、多场景的客户需求的价值创造与获取方式的革命，是人类社会的一种人机物三元融合的新生产方式、新产业组织方式与新生活方式，它将真正改变人类的生活方式。

在数字化、智能化时代，企业的核心能力就是三条：是否拥有海量的数据以及算力、算法。这是数字化、智能化时代，企业成为赢家的核心能力的根基。比如，中国这次通过疫情防控加快推进了刷脸的门禁管理技术，我现在进人民大学都得刷脸。

就中国的企业生态环境来讲，有情怀、懂江湖、通人性，这是在中国做企业的三大法则，但是现在随着数字化的加速应用，各方面信息越来越透明以后，我们原有的领导技能可能会发生巨大的变化。中国有全球最大规模的数字化场景，巨大的场景资源优势有利于经验的快速积累，有利于模式的迭代，对企业而言可以实现浓缩式、跃迁式的成长。中国很多互联网企业、很多数字化改造的企业，原先信息化基础、管理基础并不雄厚，但是也实现了数字化的转型，把一个传统企业变得不传统了，这是我们技术应用的场景优势以及文化的包容性，为中国数字化、智能化的野蛮生长带来了机遇。

在数字化、智能化时代，美国是输不起的，中国不想输，也尽量不要输。5G 是数字化、智能化的基础工程，现在美国不管是政府也好，学界也好，都意识到在 5G 的竞争中必须拿下这一仗，即使华为不是中国企业，是日本企业、法国企业，美国照样打。1G 到 4G 解决了人与人连接问题，5G 则开启了新的万物互联的时代。计算的重心慢慢转到 AI，已经确确实实在政府和企业的主业务中创造了价值。联接和计算需要跟行业深度结合，找到可以落地的场景，对准生产系统中的痛点，通过 ICT 技术和行业知识的结合，快速创造价值。当我们把这些场景汇聚起来，便能涓滴成河，逐步完成整个宏伟蓝图。

（二）数智化转型不能仅在一个层面、一个环节，用数智化倒逼中国企业效能的提升是必然选择

中国企业未来转型升级有两个方向：一个方向是像华为这样成为具有全球竞争力的企业，做行业领袖，不盲目做大做肥，而是真正做大做强，做精做专；另一个方向是其他 80%、90% 的企业要努力做隐形冠军。不管对哪个行业，不管是大企业还是小企业，加大数字化、信息化投入，用数智化倒逼中国企业技术管理的提升，我认为也是必然的选择。

今天，所有的行业都需要用数字技术提速，来降低企业的研发成本、制造成本、渠道成本、人力成本和管理成本。包括农业、物流业、服务业在内的每个传统行业都有机会借助数字技术转变成技术驱动的现代行业。相对于互联网行业，传统行业是此次转型巨变中的最大受益者，传统行业中拥有核心竞争要素的实力型企业一旦与新技术结合，将变得非常先进，而互联网企业则非常容易被颠覆和推翻。马云提到过，未来不会再有一个行业叫作互联网行业，因为所有的行业都会用上互联网技术。

数字化与智能化是新一轮世界产业革命的核心驱动力，不是短期的机会，企业家要有长期的思维。中国企业的数字化不是简单地运用数字技术的问题，是要从企业的战略到组织、人才，完成系统的变革与创新。德鲁克说，"目标不是命令，而是一种责任或承诺。目标并不决定未来，只是一种调动企业的资源和能量以创造未来的手段。"我们认识清楚了大形势，接下来的事情就是从各自企业的实际出发，确定数字化、智能化转型的中长期目标和可行的实施路径。

比如美的提出，在开发、生产、销售三个环节上都要进行重构；数字化转型从精细化做起。美的长达 9 年的数字化转型之路告诉我们，只有在数字化的基础上，才能智能化；在智能化的基础上，才有工业互联网，这是一个较为漫长的过程。

（三）数智化转型必然同时是认知与思维的革命

数字化、智能化的本质是综合运用互联网与数字技术，推动企业战略与业务的转型，来驱动组织的变革与人才机制创新。数字化需要新的战略，打造新的组织能力，它涉及组织的战略、组织与人才的系统革命。数字资产是企业的核心资产，数字化转型是企业的核心战略，海量数据、算力、算法将成为企业的新核心能力。数字化转型不仅仅是首席信息官的责任，更是企业家和全体管

理者的责任，甚至是所有员工的责任。

二、数智化转型三大变革与升级的命题

（一）新一轮的顶层设计与领导力的升级

中国企业发展到今天，要真正推动数字化的系统变革转型，需要新一轮的顶层设计与新领导力提升计划。一些持机会主义惯性的企业家对数智化转型的战略意义和任务没有想明白，转型升级推不动，没有长期的资源与人才投入计划，数字化部门与人才没有获得优先级资源配置与投入。企业家和管理层对转型升级的难度、长期度估计不足，战略准备度不够。转型升级似乎仅仅是信息部门或者首席信息官的责任，数字化部门位势低、资源不到位。数字化与经营战略两张皮，无法实现数字技术与经营的融合，难以产生价值、带来新增长。

数字化、智能化的核心就是提高效率，如果不能提高效率，数字化就是一种摆设、一种成本。比如农业企业温氏依据大数据进行决策，从农场到餐桌采用了封闭式的数字化决策体系，这就是有效地提高生产效率；百果园实施数字化转型也带来了实实在在的高效率。此外，在完全开放的产业生态价值链上，如果仅是单一企业进行数字化的孤军作

战，则产生不了整体供应链的价值，这是中国大部分企业所面临的问题。要解决这样的问题，一是企业要贯彻长期价值能力与顶层设计，二是推行基于数字化的新领导力发展计划。

在数字化、智能化时代，中国企业需要有新的顶层设计。在顶层设计下，企业经营有三大转型：从经营产品转型到经营客户价值，即体验价值、多元价值、终生价值；从经营市场到经营数据，企业要把数字资产作为核心资产；从经营企业扩展到经营生态。实现这些转型，企业必须有新的战略思维，主要有六个：战略的生态化、组织的平台化、人才的合伙化、领导的赋能化、产业要素的社会化和运营的数字化。

> 从经营产品转型到经营客户价值，即体验价值、多元价值、终生价值；从经营市场到经营数据，企业要把数字资产作为核心资产；从经营企业扩展到经营生态。

（二）新一轮的组织能力变革与组织再造

组织能力建设是业务突破的有效载体。一个企业要推动数字化的转型，所面临的最大问题就是传统的组织结构不适应，组织能力不支撑，组织机制差。主要症结在于三处：一是组织适应不了数字化的要求。二是组织新能力难以发育，造成赋能与协同两大能力短缺，赋能变成管控，协同变成扯皮，向上聚合不成资源与赋能平台，向下难以集成综合作战能力。概言之，提升总部、中台数字协同与专业化赋能能力，是进行组织变革的核心。三是组织机制创新不足，组织氛围、场景再造、组织温度得不到提升。特别是很多企业建设数智化体系进程中常出现的"思想"与"数据"无法匹配、核心要素阴阳失衡的症状，不是"有思想无数据"，就是"有数据无思想"。

为此，我们提出了组织能力建设的六个要素。

一是基于价值观的团队领导力： 企业家精神，方向正确。共享的文化价值观，共同的学习机制与方法论，稳定的治理与团队纪律约束，抓干部队伍。文化是组织能力之魂，基于价值观的领导力决定组织凝聚力与战略执行力。

二是组织资源与组织结构： 资源包括人才、技术、品牌、资金、信息、知识、经验、土地、客户、公共关系等，它们决定着组织能力的大小与成长边界。组织结构包括组织形态、组织层级、组织功能定位、组织权责体系等，它们决定资源的组合方式与组织方式，决定着资源的能力释放。

三是组织能力积累与赋能： 科学管理意味着最优化、简单化、规范化、标准化，70%的积累加30%的创新，后人站在前人的肩膀上。组织平台成为个人能力的放大器，能人创造卓越成就，平凡人做不平凡的事，团队与组织协同产生倍加价值，使整体价值最大化。

> 人才未必是企业的核心能力，有效的人才管理才是企业的核心能力，而人才管理的本质是人才价值管理。

四是组织协同与一体化运营： 协同产生倍加价值与组织力量，一体化运营产生系统效率与整体竞争力。

五是组织理性与价值管理： 组织具有秩序和规则，尊重制度和流程权威。个人自觉受组织约束，实现激情与理性平衡。

六是突破组织滞障与组织激活： 主动走出舒适区，组织打破封闭、走向开放，远离平衡，防止熵增，持续激活。对外部环境的变化保持敏感并学习，具有自我调整与修复能力，追求逆周期的生存与发展。

（三）新一轮的组织机制创新与人才效能提升

人才效能的提升对中国企业来讲面临三大困境：一是创新与人才驱动所需要的顶尖人才短缺；二是冗员与人才短缺并存，不需要的人才又沉淀着，空降人才又难以存活；三是新事业的领导力滞后，干部队伍疲软。可以说，对中国企业来讲，人力资源管理进入了全新的时代。

一是人才效能提升的时代。中国企业基于数字化的最终目标，是要提高人的创新能力、组织效能、人均效益。我们现在所面对的问题，一个是人才发展与投入效能低，一个是人才配置与人均效能低、人才协同与组织效能低、人才创新成果价值转换效能低。

二是人才价值管理的时代。人才未必是企业的核心能力，有效的人才管理才是企业的核心能力，而人才管理的本质是人才价值管理，即知识型员工的人力资本价值管理。平台化＋分布式组织模式的核心是价值交易与核算，人才从所有权到使用的核心是价值交易与核算。数字化、智能化时代，人才进入价值观时代，每个价值创造点都能进行核算，人力资源管理一个核心就是进行价值交易，核算人的价值、给予回报，企业要建立价值管理循环体系。

三是人才数字化运营的时代。实现价值创造活动数字化、人才工作场景与客户极致体验数字化、人才配置与协同数据化、人才发展与组织赋能数据化、人机物三元交互融合数字化。我们提出人力资源体系建设的"三链"数字化：数字化人才供应链、数字化能力发展链、数字化人力资源产品服务链。

四是人才新能力发展的时代。实现人才跟数字化迭代持续改善的同步关系，管理层带领全员展开数字化与生态战略思维的革命，构建数智化发展观和新绩效价值观指导下的新领导力、新管理者技能、新职业技能。全力发育新组织能力，重视人才培训发展理念与技术方法的创新，使人才发展的绩效可衡量、人才的成长可认证，注重高价值、强体验、训战结合、咨询式培训。

概言之，如何进行认知的革命、思维的转型、知识的重构、能力的升级，打造新领导力，这是我们现在所面对的核心问题。在解决这个问题的过程中，我们的人才结构、人才模式都要进行系统的应变。🆔

"双循环"重大战略背后的五个核心逻辑

■ 作者 | 魏杰

"十四五"规划建议提出，构建以国内大循环为主体、国内国际双循环相互促进的新发展格局。这是改革开放以来第一次正式提出，在国内国际循环里面，以国内循环为主。这是根据目前的整个国际形势做出的一个研判，有五个核心的内容。

一、未来会继续开放，但是开放的最终目的围绕满足国内市场需求

目前国内市场需求，靠我们自己的供给能力难以满足。比如，关键性原材料超过 50% 是靠进口；石油、天然气超过 70% 是靠进口；信息产业关键零部件 90% 是靠进口。所以我们要对外投资，要扩大出口，要在国际上赚外汇，去买别人的东西来满足国内市场需求。

但我们不会再像过去那样盲目地扩大出口，盲目地对外投资。我们将追求国际收支平衡，不再盲目去赚外汇。这一点很重要。过去我们似乎目标不太明确，现在之所以要开放，是因为把满足国内市场需求作为我们的目标，赚外汇

的最终目的，是通过世界产业链来解决自身的供给需求。这是一个重大调整。

二、开发和提升国内市场，是我们未来的重点

国内市场包括两个：投资市场和消费市场。投资最终是为了消费，所以国内市场的最终市场是消费市场，未来我们要开发和提升国内市场的重点，是最终的消费市场。

（一）吃穿用

吃穿用以人口为基础，要吃出健康，穿出时尚，进一步提高"用"的智能化和现代化，每个背后都牵涉一系列产业。比如我看到一位学者的文章，说中国 10 亿人没用过马桶。这个数据可能是真的，如果 10 亿人没用过马桶，说明这方面的需求还会很大，社会的卫生设备市场还有很大的空间。再如空调，空调行业的美的、格力，还有排在其后的好几家小企业，都能生存，说明有市场空间，何况现在养猪都安装中央空调。吃穿用的最终市场，中国有庞大的市场需求，

要做的是进一步开发和建设。

（二）住与行

住房与出行，同样是一个庞大的市场需求。我们强调住房不炒，这是一个原则。但是对消费者来讲，进入全面小康之后，人们"住"不再是简单的居住问题，还要继续提高档次，要走向享受型、舒适型，仍然有庞大的市场需求。"行"，现在汽车、高铁、飞机非常便捷，但仍有很大提升空间，比如小型飞机，我们要自己制造；比如汽车、高铁、飞机需要扩大基础设施来支撑，住与行这部分最终市场一定是很庞大的。

（三）教育与健康

教育与健康是人们进入小康社会之后持续上升的重要需求。教育的市场需求非常巨大，不仅包括义务教育、非义务教育，还有继续教育，现在提出的是终身教育。比如我们辅导小学生做作业的 App，一推出就有几亿人次流量，这是巨大的市场需求的反映。健康更是如此，涉及的生物医药、养老等，背后有巨大的需求。

（四）文化与环境

文化与环境是人们进入小康以后在上升的心理领域的重要需求。没有进入小康社会之前，我们开展的是各类文化活动；小康社会到来了，我们发展的是文化经济。任何国家进入小康以后，文化才能上升至经济形态，因为富有之后，物质享受的支出在减少，更多需要的是精神方面的享受，所以文化经济才成为重要的经济平台。现在把文化经济和金融经济、实体经济相提并论，原因就在于它蕴含着庞大的需求。文化经济包括五个组成部分：一是影视、音乐、戏剧；二是收藏、非遗博物馆；三是旅游、休闲、娱乐；四是文化、出版、体育；五是传媒、广告、创意。这五个组成部分，都将以经济形态产生，而且在未来呈现上升的趋势。同时，人们对空气、水，甚至小区的环境，都有新的要求，未来可能有一个很重要的投资方向是环境投资。环境经济将应运而生，成为一个新经济形态，而不是简单的环境保护。

（五）人际交往与防风险

人际交往和防风险是人们进入小康社会之后的重要需求。富有之后就更加注重人际交往，投资的人都知道，凡是与人际交往需求相关的这些产业都有巨大的发展前景。另外，防风险必不可少。尤其是这次新冠疫情之后，人更加关注和思考自己的风险。过去经济学认为人类行为有两个，一是消费，二是投资。现在看来还不完全，实际上有三种，消费、投资之外，还有储备。财富不能只用于项目的投资，还有一部分要放在那儿随时准备防风险。所以未来的保险业有非常大的发展空间，保险的核心不是投资，不是理财，是防风险。

> 人们对空气、水，甚至小区的环境，都有新的要求，未来可能有一个很重要的投资方向是环境投资。

三、尽快补齐中国经济的短板

（一）中国经济需要尽快补齐的"短板"

1. 高端发动机技术

之所以发动机带上"高端"两字，是因为大到航空发动机，小到呼吸机发动机，我们都做得不好。这次新冠肺炎疫情，中国是生产呼吸机最多的国家，但最后没赚多少钱，因为关键零部件自己没有，得买别人的。这是个重大问题。

2. 材料

好多材料我们做不出来，关键性材料超过 50% 都靠进口，大到飞机轮胎、轴承钢，小到手机触摸屏，我们都拿不出来。我们不能随便乱关化工企业，化工属于材料领域，初始的化工企业主要需解决废气排放问题，精细化工企业则主要需解决废水排放问题，这两个问题解决了，化工企业就能正常生产和发展。

3. 数控机床

现在零部件精细到靠人力已经生产不出来了，要靠数控机床生产，靠数字化来生产。这次我们受攻击，才发现数控机床技术达不到国际水平，导致我们制造质量不行。

4. 药物原料

我们生物医药企业，好多药物原料生产不出来，比如治疗高血压的药物原料，所以常见病的药物缺原料，生产不出来药品，满足不了市场的需求。

5. 信息的硬件

集成电路、半导体、芯片，这些我们做不好，所以信息硬件的90%都靠进口。有人问，美国为什么以国家力量来打击华为？原因很简单，5G不是简单的通信技术，而是人类下一次科技革命的起点。下一轮的科技革命核心是人工智能，5G是人工智能的核心组成部分，谁掌握了它，谁就能在未来新的科技革命中占据优势。

所以，我们把经济重点转向国内后，核心是要尽快补齐短板。

（二）补短板要靠技术创新

推动科学技术创新是"十四五"的灵魂核心，是"十四五"时期最重要的任务。

1. 增加资金投入

科技创新是资金密集型活动，必须加大资金投入。估计"十四五"规划公布的时候，有些指标就淡化了，增长速度估计不用公布了，但有些指标必须公布，其中有一条是硬指标，就是科技创新投资在GDP的占比。资金的投向也是一个重大影响因素。

2. 构造物质基础

技术创新不是用嘴吹出来的，要有庞大的物质基础。大科学装置、现代化实验室、科创中心等都属于物质基础，所以我们最近公布了中国要构造四大都市圈：大湾区都市圈、长三角都市圈、京津冀都市圈、成渝都市圈。除了成渝没有正式公布之外，其他三个方案都公布了，方案中的核心内容，都包括科学技术创新。这就是我们提的新基建，其核心是科学技术创新的基础设施建设，是构造技术产品的基础设施。

3. 调动人的积极性

要调动科学精英、技术精英的积极性才行，调动的核心内容是让他们要富起来，关键是修改知识产权制度。过去知识产权都是国家的，与个人没有关系，现在与个人有关系，所有的参与者和实际控制人要享受知识产权的经济收益，最终造就一批技术富翁。

中国新经济形态产生了，不能只讲金融经济、实体经济，还要加一个科技经济。科学技术创新要以经济方式运作，科技经济将像文化经济一样，成为重要经济生态。

四、尽快推进中国的高质量发展

尽快推动中国经济的高质量发展，是"十四五"的一个指导性的方向，关键是两项改革。

（一）经济体制改革

一是混合经济。中国不会走西方那种完全的私有经济，也不会走传统那种单纯的国有经济，而是混合经济。各种经济类别在中国都能获得发展的空间，都能释放自己的优势发展。民营经济是一个重要组成部分，一定会进一步推动发展。

二是市场经济。中国会继续推动和完善市场经济，"十四五"时期，要素市场的建设是重点，整个要素要通过市场来配置，继续深化市场经济。

三是法治经济。法治经济是我们未来改革的一个重要方向。我们应当持续推进法治建设，建立一套完整的法律体系。

通过混合经济、市场经济、法治经济相结合的经济体制改革，来释放经济增长活力，让中国经济走向高质量发展。

（二）供给侧结构性改革

这是高质量发展的一个重要内容。要改革我们的供给体系，使其更加适合我们的市场需求，那就要调整供给结构、供应结构。

一是战略性新兴产业。这是未来中国供给结构里面一个重要的组成部分，有八个要点：新能源、新材料、生命生物工程、信息技术和新一代信息技术、节能环保、新能源汽车、人工智能、高端装备制造。特别是人工智能，包括智慧人工智能和行为人工智能，是科技革命的核心，人类社会的生产活动、销售活动，逐渐将人工智能化。

二是现代制造业。这是标志中国供给结构水平的很重要的一个产业，包括六个要点：大飞机、高铁、数控机床、核电装备、特高压输变电装备、现代船舶和海洋装备制造。这与民营企业都有关系，因为现代制造的核心是分工协作，分工协作是和谐之道。

三是服务业。中国未来的发展中，就业是个大问题。过去，就业靠增长速度来解决；未来，就业会主要靠发展服务业，服务业将成为一个重要的经济形态，"服务经济"的概念可以提出来。

总体来讲，供给侧结构性改革实际上就是指结构调整，让我们结构的档次更高一点。现在金融经济和实体经济，增长贡献实际是下降的，未来的中国经济是六大形态：金融经济、实体经济、文化经济、服务经济、科技经济、环境经济。科技经济、文化经济、服务经济、环境经济的贡献将不断提升，提升的过程就是供给侧结构性调整。

五、进行更高层次的开放，核心是互利共赢

互利共赢是我们新格局的一个核心内容。我们的开放，不能只讲自己获得什么利益，也要考虑对方获得什么利益，这就要发挥我们的优势。

（一）制造优势

只要中国能生产出别人所需要的，既便宜质量又好的产品，谁也不能和中国脱钩。

中国是制造大国，只要中国能生产出别人所需要的，既便宜质量又好的产品，谁也不能和中国脱钩。这个优势一定要保证，我们国家未来再如何发展，都不能失去制造优势。美国的教训我们要牢记，美国之所以出问题，就在于成为世界金融中心和科技中心的同时，制造悄悄地离开了美国，使其产生阶层对立、贸易逆差、财政赤字等问题。

（二）市场优势

我们14亿人口，有4亿多中产阶层，如果按照设想，未来这个阶层能达到8亿的话，将是一个非常庞大的世界市场。所以中国要发挥市场优势，继续开展实施产品市场、服务市场同时同步开放。只有在市场全部开放的条件下，其产品服务在中国才能实现盈利。只要继续开

放市场，利益就连在了一起。

（三）服务贸易优势

中国是服务贸易需求最大的国家，世界排名第一。有三笔服务贸易费用是世界第一：留学生费用、出国游费用和知识产权购买费用。中国的发展给世界带来了利益，只要有利益，就是朋友。

（四）历史和地理的优势

中国在历史地理上有许多优势，最典型的是"一带一路"。中美贸易战之前，我们的贸易伙伴排名，第一美国，第二欧盟，第三东盟；一打贸易战，第一欧盟，第二东盟，第三美国；新冠肺炎疫情暴发，欧洲没控制好，排名又变了，第一东盟，第二欧盟，第三美国。我们强调以国内为主，不是不开放，而是更高层次的开放，实现互利共赢。

总体来讲，"新发展格局"的提法前后有变化，一开始讲"国内国际经济循环相结合，以国内为主"，现在把"国内大循环为主体"调整到前面来了，也就更加注意内部的可能性。提法的审慎，说明这个战略调整是巨大的。调整背景是国内国际情况的重大变化，中国也必须随之变化。🔲

华为向中外军队学到了什么

■ 作者 | 吴春波

华为学习的最重要的方法是对标管理，包括政党、社会组织、企业、人、动物，甚至植物，向一切对标。但华为对标管理最多的，还是古今中外的军队。

华为为什么要向军队学习？

一方面，军队比企业更难，军队是最高效的组织；另一方面，军队是在没有任何假设条件下来实现组织目标的，而企业是有条件的。

（一）华为向军队学习的内在机理

任正非（以下简称任总）自身在部队待过，也有强大的学习能力，他像一块大海绵一般吸纳学习到的东西，再通过有针对性的讲话或者文章，持续在公司传播，华为学军队的源头就在这里。因此，任总更具有领导力或者领导者的特征，而不是管理者的特征。

领导力是指方向的。**任总关注三个问题：方向、节奏、人均效益。**解决这些问题要靠分阶段探索。第一阶段是"思想的云"，通过吸纳知识，

首先把这些知识自己内化，然后再通过讲话、文章、会议，以各种方式在公司持续传播，首先使大家对这个知识有基本的把握。第二阶段是"运营的雨"，公司有组织地学习军队的管理思想、管理理念和举措，形成统一的管理语言。"思想的云"化云为雨，然后灌输到管理层和员工层，此时就进入第三阶段——雨水滋养大地生物，即依据公司的实际情况，把军队的有关管理理念与具体举措变成华为的管理实践，改进和提升公司的经营管理。这其中，最重要的过程，当推第一点。

这是一个闭环的学习与管理提升过程，在这个过程中，华为同样坚持对标学习的三步曲：先僵化，后优化，再固化。因此，其学习军队的效果卓有成效。而很多企业学别人都学走样了，强调企业特色，强调自己的特殊性，总是不能打通"任督二脉"。

（二）华为向军队学习的驱动力

有很多人在华为讲过课，到华为大学讲过课，给华为员工培训过。比如金

一南将军，他3次讲课，任总全程听，结束之后两人相互敬礼，场面令人感动。金一南将军对华为的影响是巨大的，当然首先影响的是任正非。

金一南将军讲座及文章之于华为及任正非的价值在于：第一，以军队组织的文化、运作与管理为背书，验证了华为管理哲学与成长逻辑，予华为以更强的自信；第二，军队的运作模式特别是美军成功经验，给华为以重要的管理启示，其中包括队伍的灵魂与血性，干部的甄别、评价体系、培养与激励、组织的设置与运作。

企业是功利组织，军队当然是另外一种组织，军队的做法对华为产生了启发，产生了撞击。比如关于队伍的"灵魂"和"血性"，金一南将军讲课中提出，第一，美军为什么愿意上战场？其实很简单，评价体系是手段，美军的评价体系是上过战场、进入过危险地带、负过伤，这都与个人分配紧密相关。第二，美国军官为什么没有胖子？因为他们提拔时必须考核，做俯卧撑多少个，负重跑多少千米，体能必须达标。

这和华为正在做的管理工作相互验证，也是背书，能够在华为引起共鸣。2015年华为总裁办电子邮件全文转发金一南将军的文章《美军还能打胜仗吗？》，建议大家阅读这篇文章。有人说，军人的最大奉献是牺牲，是血洒疆场。金一南将军说，不完全对，**牺牲是军人最大的付出，但不是军人的最大奉献。军人的最大奉献是胜利。**国家养育军人，不是让你到关键时刻一死了之。企业也一样，加班加点，带病工作，当然是一种奉献，但是胜利才是最大的、最重要的奉献，这是对我们过去价值观的修正。对于军人来讲，胜利永远不可替代，军人为战而生，但不是用死亡体现忠诚。血性是会夭折的，所以需要养护，需要培育；血性也是会沉睡的，所以需要唤醒，需要点燃。

任正非转发这篇文章的时候，加了按语——"军人的责任是胜利，牺牲只是一种精神。华为的员工不只是拥有奋斗精神，更要把这种奉献，落实到脚踏实地的学习与技能提升上，在实际工作中体现出效率与效益来。"

2015年9月29日，金一南将军第一次来华为，讲座题目是《队伍的灵魂与血性》。2015年11月29日，任总又签发了金一南将军的文章《胜利的刀锋——论军人的灵魂与血性》。2015年12月4日，华为轮值CEO郭平发表文章《记住插在硫磺岛上的那面旗帜》，任正非为此文写了编者按："一切为了作战,一切为了服务业务,一切为了胜利"。这"三个一切"真正把胜利这个理念作为了华为人的价值观,因为胜利是反映奋斗的一个重要指标。奋斗只是一个过程,胜利是最终的结果。

2016 年 1 月 16 日,金一南将军再次来到华为,为参加 2016 年市场部大会的千余名高管讲《关于将军的产生——对指挥、统帅和决胜的思考》。在此之前的 1 月 13 日,任正非在市场部大会上的讲课标题是"决胜取决于坚如磐石的信念,信念来自专注。华为唯一的武器是团结,唯一的战术是开放",和金一南将军的讲课的主题是相呼应的。

2016 年 9 月 22 日,金一南将军再次莅临华为,讲座的内容是《领袖是怎样炼成的》。从 2016 年开始,华为进行组织改革,这是一个重要的阶段。

> 牺牲是军人最大的付出,但不是军人的最大奉献。军人的最大奉献是胜利。

(三)学习军队必须使用对标管理的理念与方法

美军的组织图和华为的组织图高度相似,都是矩阵结构扁平化。军队语言已经成为华为的管理用语。举一个例子,任正非有一篇文章共 7800 余字,其中 50 个段落都与军队有关,这 50 个段落达到 3000 余字。这些军队的语言简洁、形象、易懂。

华为向军队学习的三大方面

(一)打胜战的血性

军队是一个充满了奉献精神,充满了理想主义,充满了英雄主义,充满了爱国主义,也充满浪漫主义的组织。华为向军队学习的一个重要方面,就是把这点作为组织文化与组织氛围建设的外部力量，持续强化公司核心价值体系，持续优化组织氛围，赋予这支队伍以血性和理性，把这支队伍打造成一支铁军。

在华为，经常唱的歌就是《中国男儿》，华为在大型会议之前肯定要唱《中国男儿》。此外，在华为的歌曲合集里，还有当年的黄埔军校校歌、抗大校歌，同时也学习西点军校的校训。所有这些张扬的就是一种血性，可以说，血性是部队重要的图腾。

什么是血性？没有定义，但以下来自不同出处的几段话可以说明这个问题。一是"战胜对手有两次，第一次在内心里，第二次在现实中"；二是"俄罗斯幅员辽阔，但我们已经没有退路，后面就是莫斯科"；三是"胜则举杯相庆，败则拼死相救"；四是"面对强大的敌手，明知不敌也要毅然亮剑。即使倒下，也要成为一座山，一道岭"；五是"军人的使命不是牺牲，而是胜利，一切为了胜利"；六是"打胜仗始终是我们的信仰，没有退路，就是胜利之路"；七是"城墙是否被攻破，不是取决于城墙的厚度，而是取决于守城将士的信心；城墙是否被攻破，也不只取决于攻城的武器，还取决于攻城将士的血性"。

> 军队是一个具有血性的组织，华为向军队学习，第一点就是学习军队的血性。

军队是一个具有血性的组织，华为向军队学习，第一点就是学习军队的血性。任正非在"欧亚血性自省研讨会议纪要"前边加了一句按语："华为呼唤有血性的员工和团队，尤其在战时，我们更期望每一个团队都成为有血性的团队。"这种理念、思想也很好地传递到华为的高管层。华为一位高管在文章里写到，"团队要对胜利有极度的渴望，要有极度坚忍的意志，要有对失败的极度羞耻感，要有对结果极度负责的态度"，他用了四个"极度"，并把这些作为对团队、对部门、对员工的一个要求。

其实只有血性不行，应该是血性和理性的结合，总结为一句话就是：保持血性与理性是华为的精神特质。这个总结来自华为的四个对标物。一是乌龟精神，乌龟的坚守和执着，这是理性；二是薇甘菊的生存与扩张，这是血性，敢于绞杀一切阻碍之物；三是尖毛草的隐忍与超越；四是狼的嗅觉、进攻和团队精神。

（二）组织和流程建设

在组织建设过程中，华为吸纳了大量的军队组织建设和组织流程的思想。2009年任正非著名的讲话"谁来呼唤炮火，谁来提供炮火支援"，实际上预示着华为向军队学习流程变革、组织变革的开始。在这个过程中，华为引进了大量军队的理念，包括军队的做法、军队的术语。比如让一线呼唤炮火；把指挥部建在听得见炮声的地方；还有建立片区联席会议、海军陆战队、重装旅、联合勤务、战略预备队、后备干部队、精兵模式等，这些都是军事术语。

（三）队伍建设与干部管理

举个例子，任正非对华为的干部提出了一个特殊称谓——"主官"。这个称谓第一次发布时，在心声社区，好多人说用错了，不是"主官"，应该是"主管"。其实没错，就是"主官"，好比李云龙是主官，赵刚也是主官。由此提出干部的分工：主官负责的是战役方向，一心一意盯着战略目标的不确定性，精力集中在胜利上，把确定性事务授权；主管则是高级职员，主要负责处理确定性事务，可能比主官在专业上更精通，在确定性的工作中，实行首长负责制。简单地说，就是主官负责方向，主管负责具体事务，这套思想的来源就是军队。

华为在向军队学习过程中，大量引进军队对将领的管理理念与方法，目的是打造一支宏大的高素质、高境界、高度团结的干部管理队伍。强调干部的选拔与晋升必须从基层做起，在"上甘岭"上选拔干部；强调干部要身先士卒、率先垂范和无私奉献，"战争打到一塌糊涂的时候，高级将领的作用是什么？就是要在看不清的茫茫黑暗中，用自己发出微光，带着你的队伍前进。"

所谓企业文化，当基本价值主张确定以后，剩下就是八个字"言传身教，率先垂范"，这是文化落地、不飘在空中的最关键的举措。华为给干部树立了很多榜样，比如影视作品里几个著名角色，国外的阿甘和国内的许三多，头脑简单，目标坚定，只知道往前走；再如电视剧《绝密543》里的"全营一杆枪"，和华为的"力出一孔，利出一孔"如出一辙。

华为向军队学习的具体案例："考军长"

在我军军改过程中，"考军长"的举措被任总发现了，像大海绵一样又吸纳了过来，作为对标管理的对象。"考军长"就是逼着干部学习，消除南郭先生，铲除平庸，这就是"化云为雨"。

人力资源管理部在2018年11月率先启动了"考军长"的试点工作。两个多月内19次尝试，逐步形成了针对中高级人力资源管理人员的"考军长"方法与经验。2019年1月4日，华为发布了文件《关于在公司人力资源体系逐步实施全员"考军长"的工作要求》。

实施"考军长"制度，一方面基于所发现的内部差距：干部MFP、自我批判等照镜子的机制，在干部内心真正接受、真正客观实施、真正起到实效前，需要形成一种督促自我改进的组织化机制。另一方面基于外部洞察：陆军"考军长"是提升军队指挥作战能力的手段；公司"考军长"，就是要检验个人的贡献与能力，是祛除平庸惰怠的一种重要方法。

"考军长"就是为了解决公司、干部、员工三个层面的问题。

一是公司层面，针对自上而下的干部评价方式（任职资格除外），缺乏上下游、周边同僚、下属团队的声音反馈，帮助组织全方位认识干部长/短板，用人所长；二是干部层面，针对干部改进反馈机制依赖绩效管理，需要一个平台来讨论和认识自身长／短板、岗位匹配的情况，发现工作误区和能力盲区，激发自我改进的主观能动性；三是员工层面，针对缺乏足够的透明和双向反馈交流，员工在工作中的意见和建议希望被公司倾听、考虑和采纳，以此让员工有归属感和认同感。

通过探索实践，华为建立了比军队更系统更丰富的"考军长"模板，可以称得上是学习标杆、超越标杆。📖

注："十月论坛"栏目文章均根据"2020年第八届华夏基石十月管理高峰论坛"的演讲录音整理编辑。

阅读与思考

CHINA STONE ▶▶

所有的品牌、渠道、技术规模、知识产权等，都不足以成为真正的护城河。世界上只有一条护城河，就是企业家们不断创新，不断地、疯狂地创造长期价值。

——张磊

◆ ▶ **图书推荐**

世界上只有一条"护城河"

就是企业家们不断创新，不断地、疯狂地创造长期价值

书　　名：《价值》
作　　者：张磊
　　　　　（高瓴创始人兼首席执行官）
出 版 社：湛庐文化 / 浙江教育出版社
出版时间：2020 年 9 月
书　　号：ISBN978-7-5722-0188-2

在研究趋势和理解时间价值的基础上，寻找具体的好生意、好企业是投资人必须完成的功课。那怎样的生意和企业是好的生意和企业呢？巴菲特认为其中的关键是寻找护城河。我们在实践中也有一些思考。

巴菲特有过这样一段表述："就互联网的情况而言，改变是社会的朋友。但一般来说，不改变才是投资人的朋友。虽然互联网将会改变许多东西，但它不会改变人们喜欢的口香糖牌子，查理·芒格和我喜欢像生产口香糖这样稳定的企业，努力把生活中更多不可预料的事情留给其他人。"

毋庸置疑，这段讲述是巴菲特投资理念的重要体现，他喜欢有护城河的生意。比如，在 20 世纪 50 年代的美国，**品牌是最大化也是最快发挥效用的护城河**，因为品牌具有降低消费者的搜索成本、提高退出成本等效用。直到很多年后，人们依然对品牌有着统一的认知和偏爱，品牌形象及其代表的产品质量、企业文化等要素成为影响人们做购买决策的关键。

如果可以把时间维度无限拉长，把时间的颗粒度无限缩小，或许还能看到一些新的东西。

没有静态的护城河

随着互联网技术对传统行业的改变，从获取信息、引发消费诉求，到形成购买决策和完成交易，当下和过去完全不同。特别是随着电商的兴起和消费者的代际变迁，许多新变化、新玩法出现了……

哈佛大学管理学教授克莱顿·克里斯坦森（Clayton Christensen）在其"创新三部曲"中对创新做出了新的系统性诠释。与许多人认为的不同，他所强调的创新，其关键不在于技术进步，更不在于科学发现，而在于对市场变迁的主动响应。创新者的窘境在于管理者犯了南辕北辙或者故步自封的错误，市场的变化导致其原有的护城河失去价值。

在创新层出不穷的时代，人们需要重新审视传统的护城河是否还能发挥作用。在传统视角下，护城河的来源包括无形资产（品牌、专利或特许经营资质）、成本优势、转换成本、网络效应和有效规模，所有这些要素都在帮助企业获得垄断地位。企业一旦具备垄断地位，从基因角度看，它是否还能拥有足够的动力去不断创新？这是企业面临的巨大挑战。更何况，在现在的时代，究竟有没有真正意义上的垄断，也是必须思考的问题。

我所理解的护城河，实际上是动态的、变化的，不能局限于所谓的专利、商标、品牌、特许经营资质，也不是仅仅依靠成本优势、转换成本、网络效应和有效规模。我们清楚地意识到，传统的护城河是有生命周期的。所有的品牌、渠道、技术规模、知识产权等，都不足以成为真正的护城河。世界上只有一条护城河，就是企业家们不断创新，不断地、疯狂地创造长期价值。

三种视角理解动态的护城河

受到巴菲特护城河理论的启发，我们从长期的、动态的、开放的第一个视角去进一步理解护城河，这其中最重要的，就是以用户和消费者为中心。坚持了这个中心，理解变化的消费者和市场需求，用最高效的方式和最低的成本持续创新和创造价值的能力才是真正的护城河。如果不能够长期高效地创造价值，这条护城河实际上就非常脆弱。

我最看重的护城河是有伟大格局观

的创业者在实践中逐步创造、深挖的护城河，这些是根据生态环境的变化做出的完美应对。

以全球市值排名靠前的三家科技公司为例。

● 当亚马逊是一家网上书店，甚至已成为一家网上百货商店的时候，我们还尚不能称为一家科技公司。尽管享有着近乎"印钞机"式的赚钱模式，亚马逊却一直在自我颠覆，涉足云计算，开发智能设备，大开大合，没有边界。

● 当苹果制造出第一台个人电脑时，没有人想到这个昂贵的设备会走入千家万户。当苹果陆续用 iPod、iPhone、iPad 颠覆音乐市场、通信市场和家用娱乐设备市场时，人们已经习惯于想象苹果还会带来怎样的创新。

● 当谷歌作为一家搜索引擎公司在 2004 年 4 月 1 日推出 Gmail 时，许多人认为这只是愚人节的一场玩笑。现在，谷歌已经成为 Alphabet 的一家子公司，Alphabet 还涵盖谷歌风投、谷歌资本、谷歌实验室和 Next 等一系列创新型公司或平台，广泛涉足人工智能、生命科学等领域。

再看国内的互联网公司，阿里巴巴、腾讯、百度、美团、字节跳动，通过对 C 端用户的不断理解和对自身商业模式的自我精进，这些公司提炼出了属于自己的商业创新能力。

当然，以上这些以及更多的中国互联网公司并没有就此止步，云计算、新零售、金融科技……这些都可能成为新的护城河。

理解动态的护城河的第二个视角，也是很重要的一个方法论，就是在不同领域之间创造联系，以不同的视角看问题，形成全新的思维角度。克里斯坦森在《创新者的窘境》中将创新定义为两类：维持性创新和破坏性创新。维持性创新是不断完善和改进现有产品，通过精耕细作满足更挑剔的需求，就像许多大公司已经把创新变成了一项"常规的、可预测的程序"，而一些偶然的、非常规的主意却无法融入企业的创新流程中。

破坏性创新则是追求最根本的改变，从底层出发改变现有技术发展路径和思维方式，创造出区别于现有主流市场的全新产品或服务，这种创新可能会对原有的护城河产生降维打击。因此，创意重构已成为最主要的生产力驱动因素，任何商业都无法预知其他领域、其他维度带来的竞争。

当奈飞（Netflix）的创始人里德·哈斯廷斯（Reed Hastings）用包月邮寄的租赁模式颠覆传统碟片店的时候，百视达集团可能还在想着如何开更多的店来巩固垄断地位。当麦当劳与肯德基交战正酣的时候，它们才发现最大的竞争对手其实是便利店，人们在便利店用几块钱就可以吃早餐。而当外卖业态出现的时候，很有可能便利店的生意也会面临巨大挑战。这就是更高格局上的竞争，当你终于把本领域的竞争对手击败了，会发现其他领域的竞争对手又出现了，这是很有意思的地方。商业竞争本质上要看格局，要看价值，要升维思考，从更大的框架、更广阔的视角去看能给消费者创造怎样的价值。

理解动态的护城河的第三个视角是开放性。开放性是与封闭性相对的，真正伟大的公司敢于打破自身的垄断地位，从内部打破边界，构建一个资源开放、互利共赢的生态系统。如果企业被历史性成功的惯性所包裹，那么企业将停留在过去，无法得到成长。用我自己的话说，就是"早死早超生"，从内部颠覆自己。

> **开放性是与封闭性相对的，真正伟大的公司敢于打破自身的垄断地位，从内部打破边界，构建一个资源开放、互利共赢的生态系统。**

以腾讯和京东为例。腾讯早期被投资人称道的，是它运用互联网工具构筑了社交生态系统，并在此系统上创造出丰富的虚拟产品。在一段时期内，封闭的生态能够增加用户黏性或提高转换成本，从而帮助企业打造竞争壁垒。但是，互联网的根本属性是共享、开放和包容，企业尊重这种互联网精神，才可以实现更高层次的创新。因此，腾讯公司不断调整自己的发展战略，并在我们的撮合下与京东结盟。

这里蕴含的重要发现就是京东与腾讯的基因完全不同。每个公司都有自己的梦想和野心，但是随着企业发展壮大，就能知道自己什么能做好、什么做不好，能够知道企业基因最终会呈现怎样的特质。表面上两家公司都可以做对方的事情，但由于基因不同，很多事情就成了"掣肘因素"。

在与腾讯管理团队的一次交流中，我们就提到这个"掣肘因素"：一直以来腾讯本质上在做虚拟商品，并不涉及库存或盘点。但面对库存商品的时候，腾讯需要拥有一系列生产、制造及供应链管理的能力。如果腾讯非要做电商，基因里却没有库存管理能力，那么它很难杀出重围。而京东的突出优势就在于能够创造并管理一套完整的订单生产、仓储管理、销售配送的生态系统。但是，京东的基因里缺少"移动端"，偏偏电商的入口很大程度上在于"移动端"。恰好腾讯手里有移动端，腾讯的社交、游戏等在移动端均得到了更好地发展。最终，这两家卓越的企业在开放共赢的理念下，通过开放、共享、融合，共同打造新型企业的护城河。

因此，**在未来的商业逻辑中，企业从求赢变成不断追求新的生长空间，从线性思考变成立体思维，从静态博弈变成动态共生。**企业的护城河也不再用宽窄或者深浅来描述，而是用动态的视角，从趋势这个角度加以评定。

企业的动态护城河要始终围绕寻求新的发展方向、新的演进趋势来布局。开放、动态的护城河可能是理解价值投资最重要的门径，当意识到企业拥有动态的护城河时，投资人才能够真正理解企业创造价值的本质。某种程度上说，持续不断疯狂创造价值的企业家精神，才是永远不会消失的护城河。🔲

一切成功都归结于利他之心

正因为有了志气高昂的美好心灵做根基，才能产生抱定信念、坚韧不拔干到底的决心

书　　　名：《心：稻盛和夫的一生嘱托》
作　　者：［日］稻盛和夫
译　　者：曹寓刚　曹岫云
出　版　社：人民邮电出版社
出版时间：2020 年 6 月
书　　号：ISBN978-7-1155-3619-8

回顾迄今为止八十多载的人生，追忆超过半个世纪的经营者生涯，我现在想要告诉大家、想要留在这个世上的，基本上只有一件事情，这就是"一切成功都归结于利他之心"。

人生中所发生的一切事情，都是由自己的内心吸引而来的。犹如电影放映机将影像投映到屏幕上一样，内心描绘的景象，会在人生中如实再现。这就是驱动这个世界的绝对法则，是推动一切事物运行的真理，没有例外。所以，心中描绘什么？抱有怎样的思想？以何种态度对待人生？这些就是决定人生的最为重要的因素。这既不是纸上谈兵的唯心论，也不仅仅是人生说教。

心灵塑造现实，心灵驱动现实。心灵竟是如此重要！

一切都由"心"造——这是我竟年得到的教训，与我后来的人生关系极大……

善意的动机引导事业走向成功

直到今天，我始终在自己的人生中对"心"不断探究，反复追问自己，什么才是心灵应有的状态。人应该如何活？人应该持有怎样的心态？

这两个问题意义相同。**在心中描绘什么，决定了将会度过怎样的人生。拥有纯洁美好的心灵，就能开拓与之相应的丰富、精彩的人生。**

其中，人所能拥有的最为崇高、最美丽的心就是关爱他人的善良之心，就是有时候牺牲自我也要为他人尽力之心。这样的心，用佛教的语言，就叫"利他之心"。以利他为动机发起的行动，比起无此动机的行为，成功的概率更高，有时甚至会产生远超预期的惊人的成果。

> 以利他为动机发起的行动，比起无此动机的行为，成功的概率更高，有时甚至会产生远超预期的惊人的成果。

不论是在开创事业时，还是在挑战新的工作时，我首先会思考：这是不是对世人有利？是不是利他的行为？凡是能够确信是基于利他、发自"善意的动机"的事业，最后无一例外，都能获得好的结果……

在应邀出任会长，重建破产的日本航空公司（JAL，以下简称"日航"），时，我以年事已高，又是航空业的门外汉等理由多次婉拒。但是，在他们再三请求之下，我不得不思考：这项工作包含的社会意义是什么，我参与这项工作是否出于"善意的动机"。

最终，我意识到这项工作蕴含着三条重要的意义。第一条是为了日本经济的重建。代表日本的航空公司破产，会对日本经济产生极其严重的负面影响。但反过来讲，如果重建成功，就能给整个社会带来巨大的信心。

第二条是为了留任的员工。如果重建失败导致二次破产，多达三万两千名员工就会失去工作。公司的重建同时意味着守护他们的生活。第三条是为了国民的便利。如果日航消失，日本国内的大型航空公司将只剩下一家，那么，公正竞争的原理就难以发挥作用，就会导致运价上涨、服务水平降低，损害客户的利益。

日航的重建，确实是对社会有着重大意义的工作。"见义不为，无勇也"，出于这一想法，我决定接受请求，就任日航的会长。然而，当时大部分的社会舆论都非常悲观，认为无论由谁出手都不行，日航的二次破产无法避免。但是，我们干净利落地颠覆了这种预测。

在着手改革的第一年，日航的业绩就迅速恢复，此后甚至还多次创造最高的盈利纪录。在破产的两年半之后，日航成功实现了股票的再次上市。

"燃烧的斗魂"同样产生于"善意的动机"

当然，不是只用"亲切的关爱之心"，一切就能顺利推进。想要成就某项事业，就必须具备不惧任何困难、果敢突进的强大意志，以及无论如何非达成目的不可的燃烧般的热情。为了达到起于善意动机的事业目的，必须具备这种"燃烧

的斗魂"。

而正是因为根植于善良的利他之心，这种"燃烧的斗魂"才会变得坚定而不可动摇。

明治维新之所以获得成功，是因为勤王志士们举起了"大义的锦旗"，所谓"大义"，就是"为社会，为世人"的思想。不进行社会改革，日本就不能转变为近代国家，就会沦为欧美列强的殖民地。这种危机感以及志士们的气魄——舍弃私心的报国之心——成为激励他们的巨大能量，成就了明治维新的"回天大业"。

日航的重建过程也是如此。比起自己的得失和欲望，员工们开始思考："对公司来说，什么才是重要的？"基于这种思考，他们自发地行动起来。企业重建的原动力，就是员工们的这种心态，就是他们始终怀抱的、毫不动摇的热情。

在出任日航的会长时，我向全体员工说了下面这段话："要成就新计划，关键只在于不屈不挠的一颗心。因此，必须抱定信念、志气高昂、坚韧不拔地干到底。"这是哲学家中村天风的名言，他在印度修行瑜伽时开悟。这段话也是京瓷在高速成长期我提出的口号，这次我把这段话再次介绍给了日航的全体员工。

这段话中重要的是"志气高昂"这个词。正因为有了志气高昂的美好心灵

做根基，才能产生抱定信念、坚韧不拔干到底的决心。要把一件事情做彻底，必须具备无论如何非达到目的不可的强烈愿望，具备克服一切困难、勇往直前、不可动摇的意志。在这一基础之上，相关人员团结一致，付出最大的努力，事情就能成功。而这一切的根基就是美好的利他之心。

不管想做成什么事情，不管面对怎样的命运，只要我们活着，目标就应该是培育一颗为他人着想、为他人努力的"善良之心"。

"心"的最深处与宇宙相通

以纯粹、美好的利他之心去成就事业时，为什么事物都会往好的方向发展，命运也会出现好转呢？

其中的原因，我是这样思考的。

在人心的深处，存在着被称为"灵魂"的东西。在人心的更深处，在可以称为核心的部分，存在着"真我"。

"真我"是心灵最为纯粹、最为美好的部分。在禅修时，随着修行的次第不断深入，据说修行者能达到一种无法言说的、精妙的意识状态。那是一种清净纯粹的"至福"境界，充满了极致的喜悦。应该说，那才是"真我"。

平时，在我们"真我"的外侧，重重包裹着"知性""感性""本能"等心灵的不同层次。但是，每个人心灵的最深处，都拥有无上纯粹、美好的"真我"。利他之心、亲切美好的关爱之心，都是这个"真我"发挥作用的结果。我认为，这个"真我"，和创造宇宙万物的"宇宙之心"完全是同一个东西。

佛教认为，森罗万象都蕴含着佛性。就像自古以来各种宗教所阐述的那样，这个世界上的一切事物，都相当于"宇宙之心"这个"唯一的存在"所呈现的种种不同形态。就是说，当达至人心最深处的"真我"时，就到达了与可被视为万物根源的"宇宙之心"相同的地方。

因此，"真我"所发出的"利他之心"，拥有改变现实的力量，自然就能唤来好运，把事情引向成功。宇宙中有一种意志在发挥作用，它引导一切事物走向幸福，它促进一切事物不断成长、发展。

有人说"宇宙中遍布爱"，也可以说宇宙中充满推动一切事物进化发展的"气"。我认为人心中的愿望，也可以用"气"来表达。所以，当我们拥有帮助一切事物向着更好的方向前进的愿望，拥有帮助他人获得幸福的美好心灵时，就与"宇宙之心"产生了和谐共鸣，就能自然而然地将事物导向更好的方向。

人生的目的是磨炼心性，为他人尽力

人生的目的，首先就是磨炼心性，换句话说，人生最重要的目的就是磨炼灵魂。我们往往容易执着于追求财富、地位和名誉等，每天都为了满足自己的欲望而四处奔走。但是，这些既不是人生的目的，也不是人生的目标。通过一生的历练，灵魂是否比出生时更美好一点，人格有没有略微提升了一点，这远比获取名利重要得多。

因此，认真投入每天的工作，坚持不懈地拼命努力。在这个过程中，心性自然得到磨炼，人格自然获得提升，灵魂自然会成长得更加美好。这就是我们人生的首要意义。

还有，如果再要举一个人生目的，那就是为社会、为世人尽力，也就是以利他之心处世。尽力抑制自身的欲望，以亲切的关爱之心为他人尽力。这也可以说是上天赐予我们生命的重要意义。

尽力磨炼心性和为他人尽力，这两者互为一体，不可分割。为他人尽力，自己的心灵才能得到磨炼。同时，正因为具备美好的心灵，才能为社会、为世人尽力……

以美好的利他之心为社会、为世人倾注力量时，我们的人性就能得到磨炼，幸福感和充实感就会降临，我们的人生就有了更深的意义和更大的价值。回

文化与制度的均衡器：创新

只要能够帮助人们在所处的经济中取得进步，文化和制度的改变就会随之而来

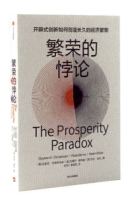

书　　名：《繁荣的悖论》
作　　者：［美］克莱顿·克里斯坦森
　　　　　［美］艾佛萨·奥热莫
　　　　　［美］凯伦·迪伦
译　　者：陈劲　姜智勇
出 版 社：中信出版社
出版时间：2020 年 7 月
书　　号：ISBN978-7-5217-1423-4

　　"法治"（Rule of Law）和"制度"（Institutions）的缺失是毒害贫困国家的一大祸患。传统智慧告诉我们，如果不能修正制度，这些国家就无从指望进步，而这里提到的制度修正，通常意味着采用西方的制度体系。"只要我们建好了这样或那样的制度，人们就会建立企业并且持续不断地发展下去。"为了这个目标，很多组织立志帮助贫困国家改善制度，并每年为此投入几十亿美元的资金。我们不得不说，这些加诸贫困国家的制度，其本意是好的。但是，为什么这么多"加诸"贫困国家的制度，最终会变成无用，甚至更糟糕的，变成腐败的制度？因为我们无法通过在原有的法律、体系和制度上强行覆盖一层新的法律、体系和制度来解决问题。**高效的政府组织远不止规章制度那么简单。说到底，制度关乎的是文化。也就是一个地区之内的人们是如何解决问题，取得进步的。就其核心而论，制度反映的是人们最珍视什么。**事实证明，这个核心只

能是土生土长的，而在它生长的过程中，创新发挥着至关重要的作用。

文化与制度

"文化"一词与"创新"或者"制度"有一点非常相似，它们都是人们每天会听到的词，但是每个人说起它们时所指的对象往往大相径庭。一个企业通常会把"文化"描述为工作环境中的可视化要素，这是很常见的现象，例如"便装星期五"、食堂的免费饮料，或者员工是否可以带着宠物上班，等等。埃德加·沙因（Edgar Schein）是麻省理工学院的教授，也是全球最顶尖的组织文化学者之一。根据沙因教授的解释，这些可视要素只是文化的人为现象，无法成为文化的定义。

沙因为"文化"给出的定义是我见过的最有用的文化定义之一：文化是人们为了实现共同目标而采用的合作方式，由于人们遵循这一方式的频率极高，效果也极佳，所以，他们甚至不会考虑别的方式。

一种文化一旦形成，为了把事做成，人们会自主地按照文化的要求行事。但这种自主的本能不是一夜之间形成的，也不是新的法律或制度能够带来的。它们是分享式学习的结果，分享式学习指的是人们通过合作解决问题、找到办法的过程。

一个社会中的文化形成过程也是一样。当一个问题或者任务出现时，与之相关的人们通常会聚在一起，研究该做什么、如何做才能成功地应对，他们最终会形成一种共同的决策。如果这一决策和与之相关的行动最终带来了成功的结果，人们就得到了一种可以解决争议的"足够好"的决策。那么，当这群人下一次需要应对类似的挑战时，他们往往会使用上次的决策和方法解决问题。相反，如果上次的尝试失败了，争议未能得到解决，当再次面对类似问题时，这些人将会非常犹豫，不一定会重复上次的决定和做法，也就是说，对于人们来说，每解决一个问题并不仅意味着解决了一个问题，实际上，解决问题的过程还告诉人们什么是最管用的。人们就是这样创造或者摒弃一种文化的。

一项制度实际上是文化的反映，或者是一种规范化的行为模式。如果一个人明明观察到了一个国家的文化，却仍然试图推行一种与该文化不相匹配的制度，那么这种制度很难长久维持下去。文化和规范能够指明甚至预先决定制度的力量，它们在这方面的作用怎样强调都不过分。

最成功的制度都是发源于文化的，而不是反过来。关于这一点，历史上有很多先例。欧洲的制度被视为全世界最精妙的制度，也最为人珍视：英国脱欧的复杂谈判就是最好的例子。在本书写作时，为了摆脱欧盟束手束脚的义务，英国正在进行旷日持久的谈判。无论谈判的过程如何艰难，有一点是毫无疑问的：谈判双方都很尊重这一过程，都会按照最终达成的协议行事。欧洲并不是一夜之间做到这一点的；欧洲用了上千年的时间不断试错，历经无数成败之后，才形成了这样一种文化。

强行植入制度是本末倒置

从全球范围来看，更多的制度改革项目可以用"用意良好、结果糟糕"来形容，这与威尼斯（资本市场的兴起。——编者注）

> 最成功的制度都是发源于文化的，而不是反过来。

的例子形成了鲜明的对比。哈佛大学的马特·安德鲁斯（Matt Andrews）在他的一部论述制度改革与经济发展的著作中列举了几个值得注意的失败案例。如为了"刺激私营部门的发展，创造就业"，把格鲁吉亚变为"高加索的新加坡"，格鲁吉亚政府付出了艰苦的努力，其精简税收，裁汰冗政。这些改革措施似乎颇有成效，格鲁吉亚在世界银行《营商环境报告》中的排名开始上升。遗憾的是，这些改革并未激发人们期望的国内创新景象。

安德鲁斯的结论是："政府监管也许不再是企业家的重负了，然而，改革带来的政府未能有效推动生产，自然无法有效促进就业。"

这些以及许多其他用意良好的制度改革项目与威尼斯案例之间的主要区别在于一种洞察力，这也是本书的核心所在。无论一项制度改革的用意如何良好，如果它不能同创新结合起来，如果与之结合的创新不能开辟或者维系市场，为尽可能多的本地人服务，那么，这一改革将难以为继。这就像把马车套在马的前面，这种本末倒置的做法的结果必然是——寸步难行。

更高效的替代方案在哪里？在关于制度和创新关系的研究中，我们得到了三个要点。第一点，创新，尤其是开辟新市场的创新，通常会带来良好制度的发展和延续；第二点，任何一项制度的建立，必须时刻注意本地现实，这是因为，如果制度不能解决本地问题，它们一定会被这项制度为之服务的对象视为无用而遭到废弃；第三点，创新是制度的黏合剂，它能让各项制度紧密结合在一起。

蓬勃的市场带来良好的制度

在我们与欠发达制度地区的人们讨论这些想法时，最常听到的反对意见是，对于贫困国家而言，创新并不是不容易做到的，而是不可能做到的。因此，摆在我们面前的问题就变成了老生常谈的先有鸡还是先有蛋的问题：想要培育创新，进而创造经济繁荣，应该先从哪里入手？

很多人坚定地认为，必须制度先行。他们一再强调："在一个连起码的良好政治经济制度都不具备的环境里，一个人怎么可能做到创新？"我们当然理解这一观点。但是，这个说法存在一些问题，其中最主要的问题是，良好制度的建立和维持是极为昂贵的，不仅如此，如果把某些良好的制度放入一个社会，而这个社会不具备相关的市场来吸收这些制度带来的力量，那么，再好的制度也无法发挥效用。

以马里为例，这个贫穷国家的人口约为 1500 万，人均 GDP 约为 900 美元。它怎么可能承担得起法国式的司法体系？要知道，法国的人口是 6600 万，人均 GDP 高达 4.4 万美元。不仅如此，法国的制度是经过几百年的沉淀演化形成的，因此能够在日益增长的繁荣中发挥效力。马里怎么可能轻松地适应一套如此昂贵，又无法解决自身问题的外国制度呢？沙因的文化理论可以预言，这样的做法将是举步维艰的。沙因的理论同样可以预言：还有更好的选择。它也许是与直觉背道而驰的，甚至有可能是令人不舒服的，但是，我们相信，只要能够帮助人们在所处的经济中取得进步，文化和制度的改变就会随之而来。历史正是通过这样的方式一次又一次地被创造出来的。

作为黏合剂的创新

养个孩子是一回事，把孩子培养成社会栋梁则是完全不同的另一回事。同样的道理，建立制度是一回事，维系制度是完全不同的另一回事。如前所述，繁荣是一种过程，而不是一个结果。制度也是一样。制度的标志不是建立或者实施，而主要在于过程。

威尼斯的例子告诉我们，创新的枢纽作用不仅在于制度的创立，更在于制度的维系。一些有利于经济繁荣的制度在威尼斯甫一建立，立即遭到了商人集团的摧毁，他们极为富有、影响力极大，他们想要的是只手遮天、消弭竞争。一些富有的商人通过自己的影响力修改了当时的法律。例如，他们寻求"议会席位的世袭制，为远途贸易中利润最高的部分设置了重重进入壁垒"。久而久之，有机会参与远途贸易的商人越来越少。威尼斯的市场就这样被扼杀了。这座城市最终变得日渐萧条。17世纪和18世纪，当其他欧洲国家迅猛发展的时候，威尼斯的人口和财富却在衰落。

威尼斯的制度曾经极为发达，遗憾的是，这些制度没能延续下来，部分原因是一些富有的商人在法律方面开了倒车。既然这些法律是对威尼斯有利的，他们为什么要背道而驰呢？这是因为，这些法律对威尼斯也许是好的，但是，对这些一心追求中饱私囊、置他人利益于不顾的商人来说，这些法律糟糕透了。因此，为了维持自己的利益和社会地位，这些人不惜修法自肥。

制度是文化的镜子，而不是文化的起因。所以，如果威尼斯的文化是允许改变的，就像容忍那些富商解决问题的方式一样，那么，威尼斯的制度就是允许改变的。从长远来看，这种容忍让威尼斯付出了巨大的代价，使它在经济发展的道路上远远落后于自己的同辈。顺便提一句，这种做法算不上反常。在许多社会中，它甚至算得上常态。历史告诉我们，只要人们有机会操纵法律为自己牟利，他们一定会这么做。但是，当法律为一小撮人滥用，成为欺凌他人的工具时，比赛就没有公平可言了。以美国为例，2017 年，全美用于游说活动的总开支达到了 34 亿美元。这些行为一定会带来长期性后果。

假如那些威尼斯富商可以通过别的、更加令人激动的办法（新的创新）提高财富和社会地位，他们还会开倒车吗？我们认为，他们应该不会那么急切地为了一己之私而修改法律。因此可以说，创新能够发挥巨大的均衡器作用。创新者为民众带来的解决方案的民主化程度越高（创造经济增长的潜力越高），制度就会变得越坚强有力。

注：为照顾文章的阅读和理解顺畅性，节选时个别地方有编改。

企业进化
长期战略地图

　　讲述中国故事，定义中国问题，提供有效方法。作者基于对多个行业，及小米、华为、顺丰、美的等多家典型企业的成长经验研究，提出中国企业"五阶段"成长模型《企业成长导航》，还原企业成长轨迹，揭示企业从小到大、从弱到强的动因和机理。本书是《企业成长导航》姊妹篇，全书分四大篇，分别描述了企业进化的基本方式、企业生存模式、企业发展模式以及组织的能力和活力四个方面的问题，详细说明了消费品、消费品服务、中间工业品等行业实现企业进化的市场战法，企业业务扩张的方向和途径，新业务选择和拓展关键因素，环境变化和企业应变，巨变中的自救措施等，对于新冠肺炎疫情过后的企业重生有很好的指导作用。

著　　者：施炜
出 版 社：机械工业出版社
出版时间：2020 年 10 月
书　　号：ISBN978-7-111-66673-8

干部管理
八步法打造能打胜仗的干部队伍

　　干部是企业中关键的少数，是企业的战略性资源，是指挥炮火的人。干部稳，队伍就不会乱；干部团结，队伍就坚如磐石；干部有战斗力，带头冲锋陷阵，队伍就势不可当，就能持续打胜仗。干部队伍的质量很大程度上决定了企业的成败。优秀的企业在干部管理方面都有成熟的做法，华为、腾讯、阿里巴巴等领先企业更有各自独创的理念。

　　本书在总结大量优秀企业干部管理实践的基础上，系统性构建了干部管理体系，阐述了什么是干部、干部管理八步法、干部梯队建设三大块内容，呈现了各层级、各类型干部的全生命周期管理模式，指明了企业干部管理实践中存在的诸多误区和困惑，结合作者亲身实践和调研，提出了一套行之有效的实操框架，指导企业建设一支有活力、有激情、有能力、作风顽强、敢想敢拼的干部队伍，引领企业战胜复杂多变环境的挑战，保持长期可持续发展。

著　　者：张小峰 吴婷婷
出 版 社：中国人民大学出版社
出版时间：2020 年 10 月
书　　号：ISBN978-7-300-28490-3